六祖名惠能或慧能。惠是施，是布施；慧是智，是般若。不仅大乘六度般若高于布施，而且六祖重心在于般若，而非布施，故本书舍惠能而取慧能。

般若智慧颂

心色如一

空有不二

以心造色

凭空化有

论慧能

彭富春/著

人民出版社

责任编辑：洪　琼

图书在版编目（CIP）数据

论慧能 / 彭富春 著 . —北京：人民出版社，2017.8（2022.5 重印）
ISBN 978－7－01－017895－0

I.①论…　II.①彭…　III.①《六祖坛经》－研究　IV.① B946.5

中国版本图书馆 CIP 数据核字（2017）第 164249 号

论 慧 能
LUN HUINENG

彭富春 著

人民出版社 出版发行
（100706　北京市东城区隆福寺街 99 号）

北京盛通印刷股份有限公司印刷　新华书店经销

2017 年 8 月第 1 版　2022 年 5 月北京第 2 次印刷
开本：710 毫米 ×1000 毫米 1/16　印张：17
字数：240 千字　印数：5,001-6,500 册

ISBN 978－7－01－017895－0　定价：79.00 元

邮购地址 100706　北京市东城区隆福寺街 99 号
人民东方图书销售中心　电话：（010）65250042　65289539

目 录

第一部分
《坛经》译解
六祖大师法宝坛经（宗宝本）

论慧能

第一部分

《坛经》译解

六祖大师法宝坛经（宗宝本）

行由品第一

　　时，大师至宝林，韶州韦刺史与官僚入山，请师出，于城中大梵寺讲堂，为众开缘说法。师升座次，刺史官僚三十余人、儒宗学士三十余人、僧尼道俗一千余人，同时作礼，愿闻法要。

　　大师告众曰："善知识！菩提自性，本来清净，但用此心，直了成佛。

　　善知识！且听慧能行由得法事意。慧能严父，本贯范阳。左降流于岭南，作新州百姓。此身不幸，父又早亡。老母孤遗，移来南海。艰辛贫乏，于市卖柴。时有一客买柴，使令送至客店。客收去，慧能得钱，却出门外，见一客诵经。慧能一闻经语，心即开悟。遂问：'客诵何经？'

　　客曰：《金刚经》'。

　　复问：'从何所来，持此经典？'

　　客云：'我从蕲州黄梅县东禅寺来。其寺是五祖忍大师在彼主化，门人一千有余。我到彼中礼拜，听受此经。大师常劝僧俗，但持《金刚经》，即自见性，直了成佛。'

　　慧能闻说，宿昔有缘，乃蒙一客取银十两与慧能，令充老母衣粮，教便往黄梅参礼五祖。慧能安置母毕，即便辞违。不经三十余日，便至黄梅，礼拜五祖。

　　祖问曰：'汝何方人，欲求何物？'

　　慧能对曰：'弟子是岭南新州百姓。远来礼师，惟求作佛，不求余物。'

　　祖言：'汝是岭南人，又是獦獠，若为堪作佛？'

　　慧能曰：'人虽有南北，佛性本无南北。獦獠身与和尚不同，佛性有

论慧能

何差别?'

五祖更欲与语,且见徒众总在左右,乃令随众作务。

慧能曰:'慧能启和尚,弟子自心常生智慧,不离自性,即是福田。未审和尚教作何务?'

祖云:'这獦獠根性大利。汝更勿言,着槽厂去。'

慧能退至后院,有一行者差慧能破柴踏碓。经八月余。

祖一日忽见慧能曰:'吾思汝之见可用,恐有恶人害汝,遂不与汝言。汝知之否?'

慧能曰:'弟子亦知师意,不敢行至堂前,令人不觉。'

祖一日唤诸门人总来:'吾向汝说:世人生死事大。汝等终日只求福田,不求出离生死苦海。自性若迷,福何可救?汝等各去,自看智慧,取自本心般若之性,各作一偈,来呈吾看。若悟大意,付汝衣法,为第六代祖。火急速去,不得迟滞。思量即不中用。见性之人,言下须见。若如此者,轮刀上阵,亦得见之。'

众得处分,退而递相谓曰:'我等众人不须澄心用意作偈,将呈和尚。有何所益?神秀上座现为教授师,必是他得。我辈谩作偈颂,枉用心力。'诸人闻语,总皆息心。咸言:'我等已后依止秀师,何烦作偈?'

神秀思惟:'诸人不呈偈者,为我与他为教授师。我须作偈,将呈和尚。若不呈偈,和尚如何知我心中见解深浅?我呈偈意,求法即善,觅祖即恶,却同凡心夺

敦煌写经《大乘楞伽经》

其圣位奚别？若不呈偈，终不得法，大难大难！'

五祖堂前，有步廊三间，拟请供奉卢珍，画《楞伽经》变相及五祖血脉图，流传供养。

神秀作偈成已，数度欲呈，行至堂前，心中恍惚，遍身汗流，拟呈不得。前后经四日，一十三度呈偈不得。

秀乃思惟：'不如向廊下书著，从他和尚看见。忽若道好，即出礼拜，云是秀作；若道不堪，枉向山中数年，受人礼拜，更修何道？'是夜三更，不使人知，自执灯，书偈于南廊壁间，呈心所见。偈曰：

'身是菩提树，心如明镜台。

时时勤拂拭，勿使惹尘埃。'

秀书偈了，便却归房，人总不知。秀复思惟：'五祖明日见偈欢喜，即我与法有缘；若言不堪，自是我迷，宿业障重，不合得法。圣意难测。'房中思想，坐卧不安，直至五更。

祖已知神秀入门未得，不见自性。天明，祖唤卢供奉来，向南廊壁间绘画图相，忽见其偈。报言：'供奉却不用画，劳尔远来。经云：凡所有相，皆是虚妄。但留此偈，与人诵持。依此偈修，免堕恶道。依此偈修，有大利益。'令门人炷香礼敬，尽诵此偈，即得见性。门人诵偈，皆叹善哉。

祖三更唤秀入堂，问曰：'偈是汝作否？'

秀言：'实是秀作，不敢妄求祖位。望和尚慈悲，看弟子有少智慧否？'

祖曰：'汝作此偈，未见本性，只到门外，未入门内。如此见解，觅无上菩提，了不可得。无上菩提，须得言下识自本心，见自本性，不生不灭。于一切时中，念念自见，万法无滞。一真一切真，万境自如如。如如之心，即是真实。若如是见，即是无上菩提之自性也。汝且去，一两日思惟，更作一偈，将来吾看。汝偈若入得门，付汝衣法。'

神秀作礼而出。又经数日，作偈不成，心中恍惚，神思不安，犹如梦

论慧能

明·宋旭《达摩面壁图》

中，行坐不乐。

复两日，有一童子于碓坊过，唱诵其偈。慧能一闻，便知此偈未见本性，虽未蒙教授，早识大意。遂问童子曰：'诵者何偈?'

童子曰：'尔这獦獠不知。大师言，世人生死事大，欲得传付衣法，令门人作偈来看。若悟大意，即付衣法，为第六祖。神秀上座于南廊壁上书无相偈。大师令人皆诵，依此偈修，免堕恶道。依此偈修，有大利益。'

慧能曰：'我亦要诵此，结来生缘。上人！我此踏碓八个余月，未曾行到堂前。望上人引至偈前礼拜。'

童子引至偈前礼拜。慧能曰：'慧能不识字，请上人为读。'

时有江州别驾，姓张，名日用，便高声读。慧能闻已，遂言：'亦有一偈，望别驾为书。'

别驾言：'汝亦作偈，其事希有！'

慧能向别驾言：'欲学无上菩提，不得轻于初学。下下人有上上智，上上人有没意智。若轻人，即有无量无边罪。'

别驾言：'汝但诵偈，吾为汝书。汝若得法，先须度吾，勿忘此言。'

慧能偈曰：

'菩提本无树，明镜亦非台。

本来无一物，何处惹尘埃。'

书此偈已，徒众总惊，无不嗟讶。各相谓

言：'奇哉！不得以貌取人。何得多时使他肉身菩萨。'

祖见众人惊怪，恐人损害，遂将鞋擦了偈。曰：'亦未见性。'众以为然。

次日，祖潜至碓坊，见能腰石舂米，语曰：'求道之人，为法忘躯，当如是乎！'乃问曰：'米熟也未？'

慧能曰：'米熟久矣，犹欠筛在。'

祖以杖击碓三下而去。慧能即会祖意，三鼓入室。

祖以袈裟遮围，不令人见。为说《金刚经》，至'应无所住而生其心'，慧能言下大悟——一切万法不离自性。遂启祖言：

'何期自性本自清净；

何期自性本不生灭；

何期自性本自具足；

何期自性本无动摇；

何期自性能生万法。'

祖知悟本性，谓慧能曰：'不识本心，学法无益。若识自本心，见自本性，即名丈夫、天人师、佛。'

三更受法，人尽不知。便传顿教及衣钵，云：'汝为第六代祖。善自护念，广度有情。流布将来，无令断绝。听吾偈曰：

有情来下种，因地果还生。

无情亦无种，无性亦无生。'

祖复曰：'昔达摩大师，初来此土，人未之信。故传此衣以为信体，代代相承。法则以心传心，皆令自悟自解。自古佛佛惟传本体，师师密付本心。衣为争端，止汝勿传。若传此衣，命如悬丝。汝须速去，恐人害汝。

慧能启曰：'向甚处去？'

祖云：'逢怀则止，遇会则藏。'

论慧能

元·颜辉（传）《五祖授六祖衣》

慧能三更领得衣钵。云：'能本是南中人。素不知此山路，如何出得江口？'

五祖言：'汝不须忧，吾自送汝。'

祖相送直至九江驿。祖令上船，五祖把橹自摇。

慧能言：'请和尚坐，弟子合摇橹。'

祖云：'合是吾度汝。'

慧能曰：'迷时师度，悟了自度。度名虽一，用处不同。慧能生在边方，语音不正。蒙师付法，今已得悟，只合自性自度。'

祖云：'如是如是。以后佛法，由汝大行。汝去三年，吾方逝世。汝今好去，努力向南。不宜速说，佛法难起。'

慧能辞违祖已，发足南行。两月中间，至大庾岭。

逐后数百人来，欲夺衣钵。一僧俗姓陈，名惠明。先是四品将军，性行粗糙，极意参寻，为众人先，趁及慧能。

慧能掷下衣钵于石上，曰：'此衣表信，可力争耶。'能隐草莽中。

惠明至，提掇不动。乃唤云：'行者！行者！我为法来，不为衣来。'

慧能遂出，盘坐石上。惠明作礼云：'望行者为我说法。'

慧能云：'汝既为法而来，可屏息诸缘，勿生一念。吾为汝说。'

明良久。

慧能云：'不思善，不思恶，正与么时，哪个是明上座本来面目？'

惠明言下大悟。复问云：'上来密语密意外，还更有密意否？'

慧能云：'与汝说者，即非密也。汝若返照，密在汝边。'

明曰：'惠明虽在黄梅，实未省自己面目。今蒙指示，如人饮水，冷暖自知。今行者即惠明师也。'

慧能曰：'汝若如是，吾与汝同师黄梅。善自护持。'

明又问：'惠明今后向甚处去？'

慧能曰：'逢袁则止，遇蒙则居。'

明礼辞。

慧能后至曹溪，又被恶人寻逐。乃于四会，避难猎人队中，凡经一十五载。时与猎人随宜说法。猎人常令守网，每见生命，尽放之。每至饭时，以菜寄煮肉锅。或问，则对曰：'但吃肉边菜。'

一日思惟，时当弘法，不可终遁。遂出至广州法性寺。值印宗法师讲《涅槃经》。时有风吹幡动。一僧曰'风动'，一僧曰'幡动'，议论不已。慧能进曰：'不是风动，不是幡动，仁者心动。'一众骇然。

印宗延至上席，征诘奥义。见慧能言简理当，不由文字。

宗云：'行者定非常人。久闻黄梅衣法南来，莫是行者否？'

慧能曰：'不敢。'

论慧能

敦煌写经《大涅槃经》

宗于是作礼，告请传来衣钵出示大众。

宗复问曰：'黄梅付嘱，如何指授？'

慧能曰：'指授即无，惟论见性，不论禅定、解脱。'

宗曰：'何不论禅定、解脱？'

能曰：'为是二法，不是佛法。佛法是不二之法。'

宗又问：'如何是佛法不二之法？'

慧能曰：'法师讲《涅槃经》，明佛性是佛法不二之法。如高贵德王菩萨白佛言："犯四重禁，作五逆罪，及一阐提等，当断善根佛性否？"佛言："善根有二，一者常，二者无常，佛性非常非无常，是故不断，名为不二。一者善，二者不善，佛性非善非不善，是名不二。"蕴之与界，凡夫见二，智者了达，其性无二。无二之性，即是佛性。'

印宗闻说，欢喜合掌，言：'某甲讲经，犹如瓦砾；仁者论义，犹如真金。'于是为慧能剃发，愿事为师。慧能遂于菩提树下，开东山法门。

慧能于东山得法，辛苦受尽，命似悬丝。今日得与使君官僚僧尼道俗同此一会，莫非累劫之缘，亦是过去生中供养诸佛，同种善根，方始得闻如上顿教、得法之因。教是先圣所传，不是慧能自智。愿闻先圣教者，各令净心。闻了各自除疑，如先代圣人无别。"

一众闻法欢喜，作礼而退。

10

译 文

当时，慧能大师已来到宝林寺。韶州刺史韦据与其他官僚们进入山中，请大师出山，到城中大梵寺讲堂，为大众开启因缘而演说佛法。大师升坛落座后，刺史与官僚三十余人，儒学学士三十余人，僧、尼、道、俗一千余人，同时向大师致礼，希望听闻佛法的精要。

大师对众人说："善知识！每个人的菩提（觉悟）自性，本来就是清净的。只要用此清净心，人就可以直接成佛。

善知识！请且听慧能的生平经历和获得佛法的事情。我慧能的父亲的本来籍贯在范阳。他后来被降职流放到岭南，作了新州的百姓。我此身非常不幸，父亲又早亡，留下老母孤遗。我们迁移来到南海，过着艰辛贫乏的生活，依靠我在市场上卖柴为生。

一天，有一客人买柴，要我将柴送至客店。客人收下柴，我得到了钱，退出门外，见一客人诵经。我一听到经语，心顿时开悟。于是我问客人：'诵读的是何种佛经？'

客人答道：'《金刚经》。'

我又问：'你从何而来，获持此经书？'

客人说：'我从蕲州黄梅县东禅寺来。这个寺庙是五祖弘忍大师主持教化的道场，门人有一千有余。我到那里礼拜五祖，听受到了这部佛经。大师常劝僧人和俗人，只要持诵《金刚经》，人就可以自己见到佛性，直接了悟成佛。'

慧能听到客人此说，也想去参拜五祖。我宿昔有缘，于是承蒙一客人给我十两银子，让我充备老母的衣粮，便往黄梅去参拜五祖。慧能安置好老母后，即便告别家乡。不到三十多天，我便到了黄梅礼拜五祖。

五祖问：'你是哪里人，想求得什么东西？'

论慧能

慧能答道:'弟子是岭南新州的百姓。我远道而来礼拜大师,惟求作佛,不求他物。'

五祖说:'你是岭南人,又是野蛮人,怎么可能作佛?'

慧能说:'人虽然能有南北之分,但人的佛性本无南北之分。虽然我野蛮人的身体与和尚不同,但我们的佛性有何差别?'

五祖还想与我说话,但见徒众总是一直在左右,于是命令我跟随大众去作事务。

慧能说:'慧能启禀和尚,弟子自心常常生发智慧,不离自性就是拥有福田。未知和尚教我做些什么事务?'

五祖说:'你这野蛮人根性大利。你不要再说了,到槽厂去作事务。'

慧能退出后来到后院,有一行者叫我破柴踏碓。这样一直持续了八个多月。

五祖一日忽然见到我说:'我想你的见解可用,恐有恶人害你,于是不与你言谈。你知道这吗?'

慧能说:'弟子也知道大师的心意,于是不敢走到堂前,令人不至觉察。'

一天,五祖召唤所有门人齐来。'我向你们说:世人如何解脱生死苦海,这事是重大的。你们终日只求福田,不求出离生死苦海。假若你们的自性迷误的话,那么修福又如何可以救度你们脱离生死苦海?你们各自回去观照自己的智慧,取自自己本心的般若之性,各自作一首偈颂,送来给我看。如果有人能悟得佛法大意的话,那么我将传他衣法,使他成为第六代祖师。你们急速回去,不得推迟拖延。对于佛法的觉悟,费心思量是不中用的。那些见性觉悟之人,一言启发之下就能见到自性。像这样的人即使在轮刀上阵的紧急时刻也能见得自性。'

大众得到五祖的吩咐,退下后相互说道:'我们众人不须澄心用意去作偈颂,这是因为我们将偈颂呈送和尚又有何益处呢?神秀上座现在是我们的教授师,必定是他的偈颂获得认可。如果我们轻率地去作偈颂的话,那么这只是枉用心力。’众人听闻这些话后，全部停息了去作偈颂的心念。大家都说：‘我们以后就依止神秀上师，何必烦劳去作偈颂？’

神秀心中暗想：‘大家之所以不呈偈颂，是因为我是他们的教授师。因此我必须作偈颂，将它呈送和尚。假若我不呈送偈颂的话，和尚如何知道我心中见解的深浅？我呈送偈颂的意图，如果是追求佛法的话，那么这就是善，如果是觅求祖位的话，那么这就是恶，这却与凡心夺其圣位有何差别？但我假若不呈送偈颂，终究也不能得到佛法。这真是太难太难了！’

在五祖法堂前，有三间走廊。原本拟请供奉卢珍在此画《楞伽经》变相及五祖血脉图，以便用来流传，让人供养。

神秀作好偈颂以后，数度欲呈送给五祖，但行至法堂前，心中恍惚，遍身汗流，拟呈送偈颂，但最终不得。他如此前后经过了四日，共十三次呈送偈颂未成。

神秀于是心中想道：我不如把偈颂写到走廊的墙上，好让和尚看见。假若忽然他说好，我就出来礼拜，说是我作的；假若他说不好，那就是我枉在山中学法数年，白白受人礼拜，还修什么道呢？当夜三更，神秀不使人知，自己执灯，将偈颂写于南廊墙上，呈现心中关于佛法的所见。偈颂说：

‘身是菩提树，心如明镜台。

时时勤拂拭，勿使惹尘埃。’

神秀书写完偈颂后，便回到了自己的房间，对此他人都不知晓。神秀又想道：‘五祖明日假若见到偈颂欢喜，那就是我与法有缘；假若说不行，那就是我自己迷误，宿昔业障过于深重，因此不该得法。五祖的圣意实在难测。’他在房中思虑，坐卧不安，直至五更。

五祖早已知道神秀未得入门，不见自性。天明以后，五祖召唤卢供奉前来，到南廊墙壁上绘画图相。忽然见到神秀的偈颂，他对卢供奉说：

论慧能

'供奉却不用画了，劳你远道而来。佛经说：一切有相的存在，都是虚妄不实的。只留下此偈颂，让大家诵念修持。依此偈修行，免堕恶道。依此偈修行，有大利益。'他令弟子炷焚礼敬，都来诵念此偈，这就能够见性。弟子们诵念此偈后，都赞叹好极了。

五祖三更召唤神秀进入法堂，问道：'偈颂是你作的吗？'

神秀说：'确实是神秀我作的，我不敢妄想求得祖位。只望和尚慈悲，看弟子是否还有点智慧？'

五祖说：'你作此偈颂，还未见到本性，只是到了门外，还未入得门内。根据如此见解，人想要觅到无上菩提是终究不可得到的。想要获得无上菩提，人必须一言启发之下认识自己的本心，见到自己的本性，本心和本性是不生不灭的。在一切时中，也就是时时刻刻，人都能自见本心和本性，一切万法相互融通无滞。一心真就是一切都真，万境自是如如不动，不生不灭。这样的如如之心，就是真实。若有如是的见地，就是无上菩提的自性。你暂且回去，思考一两天，再作一偈，送来我看。假若你的偈颂入得门内，我就传付你衣法。'

神秀作礼退出。经过数日，他依然作偈不成，心中恍惚，神思不安，犹如处于梦中，行住坐卧都不快乐。

又过了两天，有一童子在碓坊边经过，唱诵神秀的偈颂。慧能一听，便知此偈未见本性。他虽然未曾蒙受他人教授，但早识佛法大意。于是他问童子：'你所诵的是什么偈颂？'

童子说：'你这野蛮人有所不知。五祖大师说，世人解脱生死之事重大，他要传付衣法，要弟子作偈来看。假若弟子悟得佛法大意，五祖就要传付弟子衣法，让他成为第六代祖师。神秀上座在南廊墙壁上书写了无相偈。大师令人皆诵持这首偈颂，依照此偈修行，可免堕恶道。依照此偈修行，会有大利益。'

慧能说：'我也要诵此偈颂，结来生的缘。上人！我在此踏碓舂米八

个余月，未曾行到法堂之前。请望上人引我到偈前去礼拜。'

童子便带领慧能到偈前礼拜。慧能说：'慧能不识字，请上人为我读诵。'

此时有江州别驾，姓张，名日用，便高声朗读。慧能听到后，于是说：'我也有一偈，请望别驾代为书写。'

别驾说：'你也作偈，此事真是稀有！'

慧能向别驾说：'欲学无上菩提，不得轻视初学。下下等的人有上上等的智慧，而上上等的人也会没有智慧。假若轻视人，也就有无量无边的罪过。'

别驾说：'你就诵出你的偈颂吧，我为你代写。假若你获得佛法，你先必须救度我，你勿忘此言。'

慧能的偈颂说：

'菩提本无树，明镜亦非台。

本来无一物，何处惹尘埃。'

张别驾书写此偈完毕，众人全部震惊，无不嗟讶。他们相互议论说：'奇迹啊！人们不该以貌取人。什么时候他成为了肉身菩萨?'

五祖看见众人惊怪，恐怕有人损害慧能，于是将鞋擦了偈颂。他说：'这首偈颂也未见性。'大家都以为真是这样。

第二天，五祖悄悄地来到碓坊，看见慧能腰上绑着石头春米，说道：'求道之人为了佛法而忘记身躯，就是应当如此吧?'

于是他问我：'米熟了没有?'

慧能说：'米早就熟了，只是还欠人筛一下。'

五祖于是用锡杖敲打碓的石头三下，然后离去。慧能当下就领会了五祖的用意，在当夜的三更时分进入了五祖的方丈室。

五祖用袈裟遮围门窗，不使他人看见，他为我讲说《金刚经》。当讲到'应无所住而生其心'时，慧能一言启发下当即大悟'一切万法不离自

论慧能

性'。于是我启禀五祖说：

'何期自性本自清净；

何期自性本不生灭；

何期自性本自具足；

何期自性本无动摇；

何期自性能生万法。'

五祖知道慧能已经悟到本性，对慧能说：'假若人不能认识自己的本心，即使学习佛法也是毫无益处的。假若人认识了自己的本心，看见了自己的本性，那么他就可被称为丈夫、天人师、佛。'

五祖在三更时分传我佛法，其他人均不知情。他便传我顿教的法门及衣钵。他说：'你现在成为了第六代祖。你要好好地自行护念，广度有情众生。流布佛法直至将来，不要使它断绝。听我说偈：

"有情来下种，因地果还生。

无情既无种，无性也无生。"

五祖又说：'昔日达摩大师初来中国，人不相信他的佛法传承。因此，他传下此衣作为信物，代代相承。其实，佛法则是以心传心，都是要人自悟自解。自古以来，诸佛惟传佛法本体，诸师也是密付自性本心。衣钵实为争夺的事端，到你为止就不再传了。你若再传此衣钵，你的生命就如悬丝一般危险。你必须快速离去，恐怕有人害你。'

慧能说：'我到哪里去？'

五祖说：'逢到怀集就要停止，遇到四会则要隐藏。'

慧能在三更时分，领到衣钵。我对五祖说：'慧能原本是南方人。平素不知此地的山路，如何才能出到江口？'

五祖说：'你不须忧虑，我亲自送你。'

五祖送我直至九江驿。五祖让我上船，他把橹自摇。

慧能说：'请和尚坐，弟子应该摇橹。'

五祖说：'应是我度你。'

慧能说：'迷误时，师父度，觉悟后，自己度。度名虽一，但它的意义不同。慧能生在边远的地方，语音不正。承蒙师父传付佛法，我今现已经得悟，只应自性自度。'

五祖说：'是的，是的。以后佛法要靠你大行天下。你去三年之后，我才逝世。你今好生自去，努力向南行走。不宜急于传播心法，佛法一时难起。'

慧能辞别了五祖，动身朝南行走。大约过了两个月，来到了大庾岭。

这时，从后追逐而来的有数百人，他们想夺回衣钵。其中一个僧人俗姓陈，名惠明。他先前是四品将军，性格行为粗鲁。他极力参与追寻，跑到了众人的前头，赶上了慧能。

慧能掷下衣钵放在石头上，说：'此衣代表传法的信物，可以用暴力来争夺吗？'慧能隐藏在草莽中。

惠明到了，提拿不动衣钵。他于是呼喊道：'行者！行者！我是为佛法而来，不是为衣钵而来。'

慧能于是走出，盘坐在石头上。惠明作礼后说：'希望行者为我讲说佛法。'

慧能说：'你既然为佛法而来，那么你可以屏息心中的诸种攀缘，勿生一点杂念。我然后为你讲说佛法。'

惠明静默长久。

慧能说：'既不要思量善，也不要思量恶，正在此时，哪个正是明上座的本来面目？'

惠明一言启发之下当即大悟。他又问：'除了刚才所说的密语密意外，还更有其他的密意吗？'

慧能说：'既然与你说了，那就不是密了。你若返照自身，密法就在你处。'

论慧能

惠明说:'惠明虽在黄梅,实在未曾醒悟自己的本来面目。今天承蒙指示,如人饮水,冷暖自知。现今行者就是惠明的师父了。'

慧能说:'你若如是,我与你同师黄梅五祖。你好好自身护持。'

惠明又问:'惠明今后到何处去?'

慧能说:'你逢到江西的袁州就可以停止,遇到蒙山就可以安居。'

惠明作礼而辞。

慧能后来到了曹溪,又被恶人寻逐。于是慧能在四会避难于猎人队中,一共经历了一十五年。时常给猎人随机讲说佛法。猎人常让慧能看守猎网,每见落网的生命则全部放生。每到吃饭的时候,慧能都把蔬菜寄煮在肉锅里。有人问此,慧能就答道:'只吃肉边菜。'

有一天,慧能想到,是应当弘法的时候了,不可以始终隐遁下去。于是慧能来到广州法性寺,正值印宗法师讲《涅槃经》。当时有阵风吹使旗幡飘动。一僧说是'风在吹动',另一僧则说是'幡在飘动',两人议论不已。慧能上前则说:'既不是风在吹动,也不是幡在飘动,而是仁者的心在动。'大众听到后,都感到十分诧异。

印宗将慧能请到上席,询问佛法的奥义。他见慧能言语简明,道理得当,不由文字所拘泥。

印宗说:'行者一定不是平常之人。久闻黄梅五祖的衣法的传人已经来到南方,莫非就是行者你吧?'

慧能说:'不敢。'

印宗于是向慧能作礼,请求我拿出传来的五祖衣钵,出示给大众看。

印宗又问:'黄梅五祖传授衣钵时的付嘱,是如何指示的呢?'

慧能说:'并无什么指示,只是论说了如何明心见性,没有论说禅定、解脱。'

印宗说:'为何不论说禅定、解脱?'

慧能说:'禅定、解脱是有分别对立的二法,不是佛法。佛法是没有

分别对立的不二之法。'

印宗又问：'如何是佛法的不二之法？'

慧能说：'法师所讲的《涅槃经》，就是阐明佛性是佛法的不二之法。譬如高贵德王菩萨问佛说："犯四重禁（杀生、盗窃、邪淫、撒谎），作五逆罪（杀父、杀母、杀罗汉、分裂僧团和伤害佛身体），及一阐提（不信佛法者）等，是否断灭了善根佛性？"佛说："善根有二种，一种是常，另一种是无常，但佛性既非常，也非无常，因此是不可能断灭的，这就名为不二之法。一种是善，另一种是不善，但佛性既非善，也非不善，这就名为不二之法。"五蕴（色受想行识）与十八界（六根、六境和六识），凡夫看到它们的二元对立，但智者通达它们的本性。其本性无二元对立。无二元对立的本性就是佛性。'

印宗听闻我的说法，欢喜合掌而

南宋·梁楷《六祖截竹图》

说：'我所讲经，犹如瓦砾无意义；仁者论义，犹如真金有价值。'

于是他为慧能剃发，并愿意事我慧能为师。慧能于是在菩提树下，开演黄梅东山的顿悟法门。

慧能自从在东山得法之后，辛苦受尽，生命似悬丝一般危险。今日能与使君官僚僧尼道俗同聚集在此法会，无非是我们许多劫所结的缘分，也

论慧能

无非是过去生世中供养诸佛，共同种下了善根，这才能听闻到如上顿教和得法之因。教法是先圣所加传授，不是慧能自己的智慧。愿意听闻先圣教法的人，各自净化内心。听闻教法后了，各自除去疑惑，这就如同先代圣人而没有什么差别了。"

大众听闻慧能的说法后，心生欢喜，作礼而离。

解　析

一、十六字法要

"菩提自性，本来清净，但用此心，直了成佛。"这说出了慧能禅学的根本。

1.菩提自性。菩提是觉悟之道。自性是自己的本性，亦即不改不变之性。此处的自性不是指万法的自性，而是指人的自性。菩提和自性的并列运用表明：人获得智慧的觉悟之道就是人的自性，或者人的自性就是人获得智慧的觉悟之道。因此，菩提和自性不是二，而是一。它们可以同等设置。

2.本来清净。本来是无始以来。清净是远离身语意三业烦恼的污染。人的自性本来就是清净的，没有污染的，而不是去除污染而转变成清净的。

3.但用此心。此心不是什么神秘的心，而就是人心。同时，此心不只是觉悟者的心，而也是迷误者的心。因此，此心是每一个人的心。另外，此心也是每个人此时此地的心，也就是每个人产生每一个念头的心。人正是用此心由迷到悟。迷悟之间并不遥远，而就在一念之间。因此，此心就是佛心。

4.直了成佛。佛既不是上帝或神，也不是半人半神的神人，而就是人觉悟了的心，就是显明了的性。因此，一旦明心见性，每一个人都可以成佛，同时每一个都可以在瞬间顿悟成佛。

二、慧能参拜五祖

1.惟求作佛，不求余物。

有些学佛者是真想作佛，但也有些学佛者是假想作佛，他们不过是借学佛而追求名闻利养。慧能是真想作佛。其唯一的目标是作佛，而不是其他什么东西。

2.佛性有何差别？

慧能相信，人有地域和种族的差别，还有文明和落后的差别，但佛性并无差别。一切人都有佛性。这意味着：

第一，一切人皆有成佛之因。

第二，成佛就是觉悟，也就是觉悟人和世界的真理。

第三，此真理是关于世界的终极真理，亦即心色如一，空有不二。

3.自心常生智慧，不离自性，即是福田。

慧能自述自心常生智慧。这表明他已经觉悟，达到了明心见性。人拥有了自性，就如同在田地里播下了智慧的种子，而会获得福报。这是智慧和福报的合一。

三、神秀偈颂

身是菩提树，心如明镜台。

时时勤拂拭，勿使惹尘埃。

1.身是菩提树。此身非人的肉身，而是人的佛身。人的佛身如同菩提

21

树。此喻人自身有菩提，有觉悟的智慧。

2.心如明镜台。此心非人的肉心，而是人的佛心。人的佛心如同明镜台上的明镜。此喻人自身有清净光明，常寂常照。

3.时时勤拂拭。虽然人的身心是觉悟和清净的，但身心之外的客尘是不净的。它污染人的身心，因此人要时时除去尘埃。

4.勿使惹尘埃。人通过修行，去掉客尘，回归清净。

但神秀的偈颂并未见性。这在于：第一，它执著于身心的有相；第二，它将人与法分离，人清净，法污染；第三，它没有指出觉悟就在心的一念之间。

四、弘忍评语

弘忍认为神秀的偈颂尚未见性，而指出了真正的见性是什么。"无上菩提须得言下识自本心，见自本性，不生不灭。于一切时中，念念自见，万法无滞。一真一切真，万境自如如。如如之心，即是真实。若如是见，即是无上菩提之自性也。"

1.无上菩提是至高无上的智慧，是佛的觉悟智慧，但它只是人对于自己本心和本性的认识。心性迷时有二，悟时同一。人的本心和本性是实性空性，不生不灭，也就是永生或常住。

2.人的本心和本性不仅能在瞬间显现，而且能在一切时间中显现。

3.当人明心见性之后，就能通达万法无碍。不仅一心性是真的，而且一切万法也是真的；不仅心性如如不动，而且万境也如如不动。心境如一。

4.真实就是没有虚伪，它实性空性，寂静涅槃，如如不动。

五、慧能偈颂

菩提本无树，明镜亦非台。

本来无一物，何处惹尘埃。

慧能的偈颂是针对神秀的偈颂而作的。与神秀的有不同，慧能的是无。慧能正是用无来破神秀的有。

1.菩提本无树。菩提智慧是无相的。它无形象，无大小，因此不可比喻为菩提树。

2.明镜亦非台。心灵本性也是无相的。它无方圆，无明暗，因此不可比喻为明镜台。

3.本来无一物。无论心法，还是色法，都是缘起性空。因此，不仅境空，而且心空。境心如一。既然一切法空，那么就是本来无一物。有的版本将"佛性常清净"取代了"本来无一物"。前者言有，后者言无。它们貌似对立，但实际一致。常清净就是空性，就是无一物。但就慧能偈颂的主题是空来说，本来无一物更符合该偈颂的语境。

4.何处惹尘埃。既然本来无一物，那么也就没有了尘埃。于是既没有尘埃的所来之处，也没有尘埃的所去之处。在这样的意义上，无需天天勤拂拭。人本来清静，何用去尘？人本来是佛，何用修证？

与神秀的执著于有的偈颂相比，慧能的无显示了人的心性。但是，人们也不能执著慧能的无。人真正的心性是不生不灭的真如，它心色如一，空有不二。

六、应无所住而生其心

"应无所住而生其心"是《金刚经》的核心思想之一。它一方面言空，要心无所住，另一方面言有，要生清净心。

23

论慧能

"应无所住而生其心"是一种肯定的语言表达式（表诠），同时它还可以转换成一种否定的语言表达式（遮诠），即"不应所住而生其心"。这里的心所住就是住相，心所生就是生烦恼。

七、慧能悟语

何期自性本自清净；

何期自性本不生灭；

何期自性本自具足；

何期自性本无动摇；

何期自性能生万法。

慧能听到"应无所住而生其心"，而悟出"一切万法不离自性"。"应无所住而生其心"，强调的是心不住法，重点在心；"一切万法不离自性"强调的是心生万法，重点在法。两者的重点并不相同，但前者启发了后者。就自性和万法的关系而言，自性是规定者，万法是被规定者。自性规定万法，万法被自性所规定。同时，自性即万法，万法即自性。

但什么是自性？慧能表达了他自己独特的看法。一般而言，自性是本性，人有其自性，是人性；物有其自性，是物性。但慧能的自性主要指人的自性。"何期"就是何曾期望。这意味着自性的意义以前被遮蔽，现在被发现。这种发现产生了惊奇。

1.何期自性本自清净。自性没有原始无明的污染、遮蔽，以及由此而来的无穷烦恼和痛苦，而是纯洁的、透明的。慧能除了指出自性或者佛性本身是无相的外，更强调了它自身是清净的、没有污染的。因此，对于自性的通达并不是各种外在的修行，而是内在本性的觉悟。

2.何期自性本不生灭。自性本不生灭，是指自性非有为法，无生灭相。自性是人的实相，是不二的实性。佛性不是如同一个物是存在于时间和空间之中的，因此，它并不具备任何时间性和空间性。相反，自性就是涅槃妙心。涅槃不是死亡或者圆寂，而是不生不灭。这里的不生不灭不是将灭止生，以生显灭，而是本无所生，也无所灭。它是超出了生灭轮回的圆满。

3. 何期自性本自具足。自性本自具足，是指它自身是完满无缺的，具有佛或佛性的一切功德。佛就是觉悟。首先是自觉。佛证悟了自己不生不灭的真如本性。其次是觉他。佛慈悲为怀，普度众生，以自己的智慧来教化迷情，让他人发菩提心，达清净地。最后是觉满。佛不仅上求菩提，而且下化众生，悲智双运，福慧双足，因此功德圆满。

4. 何期自性本无动摇。自性本无动摇，是指它是宁静的，能保持自身的同一和纯净。如果人心存妄念的话，那么它就会随境动摇。这就是说，心既没有规定己，也没有规定境，而是反过来被境所规定。境的生灭便会导致心的生灭。与此相反，自性却是本无动摇。这意味着它毫无妄念，保持自身，不随境迁，定于自身。这是自性三昧。

5. 何期自性能生万法。自性不是远离万法，而是产生万法。所谓自性能生万法，是指它能让万法作为万法而显现。万法是指世界中一切存在者。它正是依靠自性或者自心从遮蔽而走向敞开的。如果没有自性的话，那么便没有万法；如果有了自性的话，那么便有了万法。一切万法不离自性。这表明了万法唯自性，万法唯自心。

慧能对于自性的五点揭示实际上可以分为两个方面。一方面，本自清净、本不生灭和本自具足是就自性自身的本性而言；另一方面，本无动摇和能生万法则是就自性和万法的关系而言。

就人的自性的本性而言，它一方面是有性，另一方面是空性。慧能正是空有双运，以空摄有，证悟了实性空性，空性实性。这两个方面正好显示了自性的"不二"特性，亦即非空非有，亦空亦有，真空妙有。

慧能上述感言的核心就是心色如一，空有不二。

论慧能

慧能的呈心偈颂的"本来无一物"只是说到了无，而他这里关于自性的感言不仅揭示了自性的真空，而且指出了它的妙有。人的自性就是无自性，无自性就是自性。慧能在此才真正地明心见性。

八、弘忍传法偈颂

有情来下种，因地果还生。

无情亦无种，无性亦无生。

1. 有情来下种，因地果还生。有情众生种下了成佛的种子，因地的成佛种子还会生成佛果。这是说佛性常有。此就有而言，是表诠。

2. 无情亦无种，无性亦无生。无有情众生，也无成佛的种子；无成佛的本性，也无生成的佛果。这是说一切皆无。此就无而言，是遮诠。

弘忍大师传法的偈颂实际上是揭示《金刚经》的"应无所住而生其心"。

九、慧能惠明对话

慧能启发惠明："不思善，不思恶，正与么时，哪个是明上座本来面目？"

1. 在迷误之中，人的心要么是思善思恶，被外缘所扰，要么是陷入无善无恶的无记之中。

2. "不思善，不思恶"正是"屏息诸缘，勿生一念"。这让心回到了自身。

3. 所谓人的本来面目就是自性、自心，也就是佛性。但关于"明上座本来面目"一句有两种现代标点。一种为"那个是明上座本来面目"，此是陈述句。"那个"就是指"不思善，不思恶"的心，亦即当下的无念之心。另一种为"哪个是明上座本来面目"，此是疑问句。"哪个"是疑问，引发对于本来面目的疑情。这既可能是"不思善，不思恶"的心，也可能是超出"不思善，不思恶"的心。本来面目即自性。自性非空非有，空有不二。一方面，它不思善，不思恶；另一方面，它也思善，也思恶。因此，作为陈述句是死句，作为疑问句是活句。为什么？陈述句将"不思善，不思恶"之时就断定为人的本来面目，这将会让人执著于"不思善，不思恶"。而疑问句将"不思善，不思恶"之时所呈现的人的清净自性启示为人的本来面目，这就让人超出了"不思善，不思恶"。

4. 人的本来面目既非"思善思恶"，也非"不思善，不思恶"。它真空妙有。

十、风幡心动

二僧争风动还是幡动，慧能认为"不是风动，不是幡动，仁者心动。"这里的"动"指的不是"动态"，而是"推动"，亦即：什么推动了幡动？或者：什么是幡动的原因？

1. 二僧：物动心不动。二僧要么只是强调了风动，要么只是强调了幡动。他们没有看到风幡互动。

2. 慧能：心动物不动。不是物动，而是心动。

3. 第三种可能：物动心亦动。

4. 第四种可能：心物皆不动。

慧能主要是用"心动物不动"破二僧的"物动心不动"。唯有人的心念在动，物的存在和活动才能显现出来。这就是说，心才是物的原因。万法唯心，心生万法。

十一、惟论见性，不论禅定、解脱。

1. 见性。其完整的表述是明心见性。因为佛性就是自性和自心。所以人欲要成佛，就要明心见性。

2. 禅定。此是梵文的三昧，亦即静虑、制心一处。一般认为，唯有禅定，方能解脱。但禅定在根本上是获得清净心，也就是明心见性。无明心见性，就无所谓的禅定。

3. 解脱。此是从烦恼的束缚之中解放出来。一般认为，唯禅定生般若智慧，方能解脱。但慧能认为，唯有明心见性，才能达到本自清净，本无烦恼。既无束缚，也无解脱。这才能实现根本解脱。

十二、佛法是不二之法

宋人《佛祖降世图》

1. 不二之法。其也称为不二法门，意为唯一的道路。它超出事物任何形态的二元对立，而直指事物的唯一的本性。因为不二法门及其言说也会和事物构成二元对立，所以这一法门最后还要放弃自身，同时放弃语言的言说，而保持沉默，即保持不可言说。

2. 佛性是不二之法。佛性作为自性，是永远存在的。它既不是从无到有，也不是从有到无。因此，它不生不灭，不垢不净，不增不减。在这样的意义上，佛性是非常非无常；同时，它也是非善非不善。

3. 蕴之与界，其性无二。蕴是五蕴（色受想行识），界是十八界（六根、六尘和六识）这实际上指人及其世界，亦即万法或万物。一切事物虽然充满差异和对立，但它们都是因缘和合，其本性是空的。因此它们都是同一的。同时，一切万法不离自性或自心。心生则种种法生，心灭则种种法灭。心即是色，色即是心。因此它们是同一的。

般若品第二

次日，韦使君请益。师升座，告大众曰："总净心念：摩诃般若波罗蜜多。"复云："善知识，菩提般若之智，世人本自有之。只缘心迷，不能自悟。须假大善知识，示导见性。当知愚人、智人，佛性本无差别。只缘迷悟不同，所以有愚有智。吾今为说摩诃般若波罗蜜法，使汝等各得智慧。志心谛听，吾为汝说。

善知识！世人终日口念般若，不识自性般若，犹如说食不饱。口但说空，万劫不得见性，终无有益。

善知识！摩诃般若波罗蜜是梵语，此言大智慧到彼岸。此须心行，不在口念。口念心不行，如幻如化，如露如电。口念心行，则心口相应。本性是佛，离性无别佛。

何名摩诃？摩诃是大。心量广大，犹如虚空，无有边畔，亦无方圆大小，亦非青黄赤白，亦无上下长短，亦无嗔无喜，无是无非，无善无恶，无有头尾。诸佛刹土，尽同虚空。世人妙性本空，无有一法可得。自性真空，亦复如是。

善知识！莫闻吾说空，便即著空。第一莫著空，若空心静坐，即著无记空。

善知识！世界虚空，能含万物色像。日月星宿、山河大地、泉源溪涧、草木丛林、恶人善人、恶法善法、天堂地狱、一切大海、须弥诸山，总在空中。世人性空，亦复如是。

善知识！自性能含万法是大。万法在诸人性中，若见一切人——恶之与善，尽皆不取不舍，亦不染著，心如虚空，名之为大。故曰摩诃。

善知识！迷人口说，智者心行。又有迷人，空心静坐，百无所思，自称为大。此一辈人，不可与语，为邪见故。

善知识！心量广大，遍周法界。用即了了分明，应用便知一切。一切即一，一即一切。去来自由，心体无滞，即是般若。

善知识！一切般若智，皆从自性而生，不从外入，莫错用意，名为真性自用。一真一切真。心量大事，不行小道。口莫终日说空，心中不修此行。恰似凡人自称国王，终不可得，非吾弟子。

善知识！何名般若？般若者，唐言智慧也。一切处所，一切时中，念念不愚，常行智慧，即是般若行。一念愚即般若

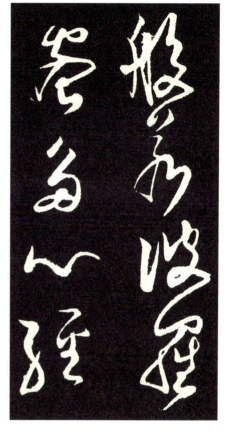

唐·张旭草书《心经》（局部）

绝；一念智即般若生。世人愚迷，不见般若。口说般若，心中常愚。常自言：我修般若。念念说空，不识真空。般若无形相，智慧心即是。若作如是解，即名般若智。

何名波罗蜜？此是西国语，唐言到彼岸。解义离生灭。著境生灭起，如水有波浪，即名于此岸。离境无生灭，如水常通流，即名为彼岸。故号波罗蜜。

善知识！迷人口念，当念之时，有妄有非。念念若行，是名真性。悟此法者，是般若法；修此行者，是般若行，不修即凡，一念修行，自身等佛。

论慧能

善知识！凡夫即佛。烦恼即菩提。前念迷，即凡夫；后念悟，即佛。前念著境，即烦恼；后念离境，即菩提。

善知识！摩诃般若波罗蜜最尊、最上、最第一，无住、无往亦无来，三世诸佛从中出。当用大智慧，打破五蕴烦恼尘劳。如此修行，定成佛道，变三毒为戒定慧。

善知识！我此法门，从一般若生八万四千智慧。何以故？为世人有八万四千尘劳。若无尘劳，智慧常现，不离自性。悟此法者，即是无念。无忆、无著，不起诳妄，用自真如性，以智慧观照。于一切法，不取不舍，即是见性成佛道。

善知识！若欲入甚深法界及般若三昧者，须修般若行，持诵《金刚般若经》，即得见性。当知此经功德，无量无边。经中分明赞叹，莫能具说。

此法门是最上乘，为大智人说，为上根人说。小根小智人闻，心生不信。何以故？譬如天龙下雨于阎浮提，城邑聚落，悉皆漂流，如漂枣叶。若雨大海，不增不减。若大乘人，若最上乘人，闻说《金刚经》，心开悟解，故知本性自有般若之智，自用智慧常观照，故不假文字。譬如雨水，不从天有，元是龙能兴致，令一切众生，一切草木，有情无情，悉皆蒙润。百川众流，却入大海，合为一体。众生本性般若之智，亦复如是。

善知识！小根之人，闻此顿教，犹如草木根性小者，若被大雨，悉皆自倒，不能增长。小根之人，亦复如是。元有般若之智，与大智人更无差别，因何闻法不自开悟？缘邪见障重，烦恼根深。犹如大云覆盖于日，不得风吹，日光不现。般若之智亦无大小，为一切众生，自心迷悟不同。迷心外见，修行觅佛，未悟自性，即是小根。若开悟顿教，不执外修，但于自心常起正见，烦恼尘劳，常不能染，即是见性。

善知识！内外不住，去来自由，能除执心，通达无碍。能修此行，与《般若经》本无差别。

善知识！一切修多罗及诸文字、大小二乘、十二部经，皆因人置。因智慧性，方能建立。若无世人，一切万法，本自不有。故知万法本自人兴。一切经书，因人说有。缘其人中，有愚有智。愚为小人，智为大人。愚者问于智人，智者与愚人说法。愚人忽然悟解心开，即与智人无别。

善知识！不悟，即佛是众生。一念悟时，众生是佛。故知万法尽在自心。何不从自心中顿见真如本性？《菩萨戒经》云：'我本元自性清净。'若识自心见性，皆成佛道。《净名经》云：'即时豁然，还得本心。'

善知识！我于忍和尚处，一闻言下便悟，顿见真如本性。是以将此教法流行，令学道者，顿悟菩提，各自观心，自见本性。

若自不悟，须觅大善知识，解最上乘法者，直示正路。是善知识，有大因缘。所谓化导，令得见性。一切善法，因善知识能发起故。三世诸佛，十二部经，在人性中本自具有。不能自悟，须求善知识指示方见。

若自悟者，不假外求。若一向执谓须他善知识，望得解脱者，无有是处。何以故？自心内有知识自悟。若起邪迷，妄念颠倒，外善知识虽有教授，救不可得。若起真正般若观照，一刹那间，妄念俱灭。若识自性，一悟即至佛地。

善知识！智慧观照，内外明彻，识自本心。若识本心，即本解脱。若得解脱，即是般若三昧。般若三昧，即是无念。何名无念？若见一

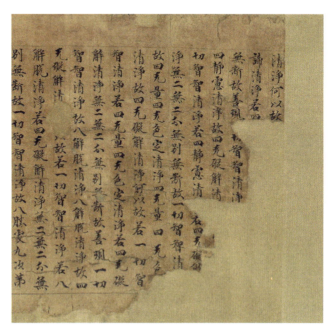

敦煌写经《大般若波罗蜜经》（局部）

论慧能

切法，心不染著，是为无念。用即遍一切处，亦不著一切处。但净本心，使六识，出六门，于六尘中，无染无杂，来去自由，通用无滞，即是般若三昧，自在解脱，名无念行。若百物不思，当令念绝，即是法缚，即名边见。

善知识！悟无念法者，万法尽通。悟无念法者，见诸佛境界。悟无念法者，至佛地位。

善知识！后代得吾法者，将此顿教法门，于同见同行，发愿受持，如事佛故，终身而不退者，定入圣位。然须传授，从上以来，默传分付，不得匿其正法。若不同见、同行，在别法中，不得传付。损彼前人，究竟无益。恐愚人不解，谤此法门，百劫千生，断佛种性。

善知识！吾有一《无相颂》，各须诵取。在家出家，但依此修。若不自修，惟记吾言，亦无有益。听吾颂曰：

说通及心通，如日处虚空。

唯传见性法，出世破邪宗。

法即无顿渐，迷悟有迟疾。

只此见性门，愚人不可悉。

说即虽万般，合理还归一。

烦恼暗宅中，常须生慧日。

邪来烦恼至，正来烦恼除。

邪正俱不用，清净至无余。

菩提本自性，起心即是妄。

净心在妄中，但正无三障。

世人若修道，一切尽不妨。

常自见己过，与道即相当。

色类自有道，各不相妨恼。

离道别觅道，终身不见道。

34

波波度一生，到头还自懊。

欲得见真道，行正即是道。

自若无道心，暗行不见道。

若真修道人，不见世间过。

若见他人非，自非却是左。

他非我不非，我非自有过。

但自却非心，打除烦恼破。

憎爱不关心，长伸两脚卧。

欲拟化他人，自须有方便。

勿令彼有疑，即是自性现。

佛法在世间，不离世间觉。

离世觅菩提，恰如求兔角。

正见名出世，邪见名世间。

邪正尽打却，菩提性宛然。

此颂是顿教，亦名大法船。

迷闻经累劫，悟则刹那间。"

师复曰："今于大梵寺说此顿教，普愿法界众生，言下见性成佛。"时韦使君与官僚道俗，闻师所说，无不省悟。一时作礼，皆叹："善哉，何期岭南有佛出世。"

译　文

第二天，韦使君请六祖大师继续讲法。大师坐入法座，对大众说："大家都清净自心，念诵摩诃般若波罗蜜多。"他又说："善知识，菩提般若的智慧，世上之人本来自己拥有它，只是因为心灵迷误，不能自己觉

论慧能

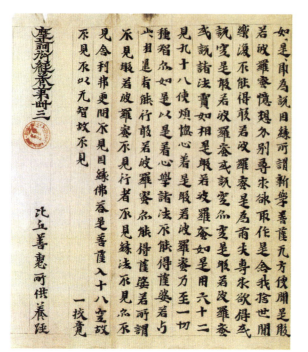

敦煌写经《摩诃衍经》（局部）

悟，必须借助大善知识，由他示导自己而见到自性。大家应当知道，愚人和智人的佛性本来没有差别。只是因为迷误和觉悟的状态不同，所以有愚人和有智人。我今天为你们演说摩诃般若波罗蜜法，使你们各自都得到智慧。你们专心谛听，我为你们说法。

善知识！世人虽然终日口里念诵般若，但不认识自性般若，这犹如人们口里说着食物，但没有现实的食物，这是不能让人饱腹的。如果人们只是口里说空，而没有行为的话，那么人万劫也不能够见性，最终毫无益处。

善知识！摩诃般若波罗蜜是印度的梵语，这一言辞的意思是大智慧到彼岸。这必须是心里践行，而不在口里念诵。如果人们口念而心不行的话，那么这就如幻如化，如露如电。如果人们口念且心行的话，那么这就会心口相应。人的本性就是佛，离开人的本性没有其他佛。

什么叫做摩诃呢？摩诃的意思是大。人的心量广大，犹如虚空一般，没有边际，没有方圆大小，没有青黄赤白，没有上下长短，没有嗔怒喜欢，没有是非，没有善恶，没有头尾。一切佛土，完全等同虚空。世人的奇妙心性本来就空，没有一法可得。自身本性的真空，也是如此。

善知识！你们不要听我说空，就执著于空。第一不要执著于空，假若人们空心静坐的话，那么就是执著于无记空。

善知识！世界虚空，能够包含万物色像。日月星宿、山河大地、泉源溪涧、草木丛林、恶人善人、恶法善法、天堂地狱、一切大海、须弥诸山，全部都被包含在虚空之中。世人本性的真空，也是如此。

善知识！人的自性能含藏万法，这就是大。万法就存在于所有人的本性之中，假若见到一切人的恶与善，人全都能不取不舍，也不染著，心如虚空，那么这就称为大。故这样的大称为梵语的摩诃。

善知识！迷人只是口说，智者则能心行。又有一些迷人，空心静坐，百无所思，自称这就是大。这一种人，不能够和他谈佛法，这是因为他们已经持有邪见。

善知识！心量广大，遍周法界。心量的功用就是对法界了了分明，人应用它便知道一切。一切即一心，一心即一切。人去来自由，心体无阻滞，这就是般若。

善知识！一切般若智，都是从自性而生，不是从外而入，莫错用了心意，这才名为真性自用。一心真则一切法真。心量开悟是大事，不能行空心静坐这种小道。人不要口里终日说空，但心中不修此真空之行。这恰似凡人虽然自称国王，但终不可得成王。这些人不是我的弟子。

元·赵孟頫行书《心经》

论慧能

善知识！什么叫做般若？般若就是汉语的智慧的意思。在一切处所，在一切时中，人念念没有愚痴，常行智慧，这就是般若行。人一念愚痴，就会断绝般若；但人一念智慧，就会生成般若。世人愚蠢迷误，不见般若。他们口说般若，但心中常愚。他们常常自言我在修般若，念念说空，但其实不识真空。般若没有形相，而就是智慧心。若作如此的理解，人们就有了般若智慧。

什么叫做波罗蜜？这是印度语，汉语的意思是到彼岸。其解释的意义是离开了生灭。人若执著于境相，就会发起心念的生灭，如同水有波浪的起伏一样，这就叫做此岸。人若离开了境相，就会没有心念的生灭，如同水常通流无碍，这就叫做彼岸。因此叫波罗蜜。

善知识！迷人虽然口念般若，但当念般若之时，心中有妄想，有是非。人念念若心行，这才叫做真性。觉悟到这个法的，就是般若法；修持这个行的，就是般若行。不修持般若行的，就是凡夫。一念修持般若行的，自身就等同于佛。

善知识！凡夫就是佛。烦恼就是菩提。前念迷误，就是凡夫；后念觉悟，就是佛。前念执著境相，就是烦恼；后念离开境相，就是菩提。

善知识！摩诃般若波罗蜜，是最尊贵、最上等、最第一的佛法，它无住、无往亦无来，过去、现在、未来三世的诸佛都是从般若法中出生的。人们应当用大智慧，打破五蕴烦恼尘劳。人假若如此修行的话，那么他定能成就佛道，变贪嗔痴三毒为戒定慧。

善知识！我这个法门，从一般若中生出八万四千种智慧。为什么呢？这是因为世人有八万四千种尘劳。假若没有尘劳覆盖，智慧就会经常显现，人就会不离自性。悟到这个法门就是无念。人无忆念，无执著，不起诳妄之心，运用自身的真如本性，以智慧观照世界。对于一切法相，不取不舍，就是见本性而成佛道。

善知识！假若想进入甚深法界和般若三昧的人，就必须修般若行，持诵《金刚般若经》，就能见到自己的本性。

大家应当知道，这本经书的功德是无量无边的。经中就已经明确地赞叹了其功德，这里就不再——细说。这个法门是最上乘的。它是为大智人所说的，为上根人所说的。小根小智人听闻这本经的佛法后，心中会生起不信。

为什么呢？这譬如是天龙下雨到阎浮提，城镇村落全部顺水漂流，如同漂在水面的枣叶。但假若下雨到大海，海水就会不增不减。假若是大乘人，或者是最上乘人，他们听闻了《金刚经》，就会心开悟解。因此我们知道本性自有般若的智慧，自己用智慧经常观照一切，故不需要假借各种文字。这譬如雨水不是从天而有，原是龙所导致，让一切众生，一切草木，有情无情，全部蒙受滋润。百川众流全部归入大海，最终合为一体。众生本性般若之智也是如此。

善知识！小根器的人听闻到这顿教法门，犹如草木对于大雨的反应一般。根性小的草木，若被大雨降临就会全部自倒，不能增长。小根之人对于顿教法门，也是如此。他们其实原有般若之智，与大智人没有什么差别，为什么听闻这顿教法门而不能自己开悟呢？这是因为邪见障碍深重，烦恼根深。这犹如密云覆盖了太阳，没

敦煌写经《摩诃衍经》（局部）

论慧能

有风吹云散，太阳的光芒就不会显现。人的般若之智没有大小之分。大小之分只是因为一切众生的自心迷误和觉悟不同。迷心的人求外，修行觅佛，未有觉悟自性，这就是小根。假若人开悟顿教，不执著外修，只在自己心中常起正见，那么烦恼尘劳常不能污染，这就是见性。

善知识！人不住内外境相，自由去来，能除掉执著的心念，无碍通达万法。假若人能修持此行的话，那么他与《般若经》所说佛法就没有什么差别。

善知识！一切经典及诸文字、大小二乘教、十二部经，皆是为人而设置的。因为人的智慧本性，它们才能建立。假若没有世人，那么一切万法本自不会显现。故人要知道万法本由世人而兴起，一切经书也因世人而存有。这是因为在人中，有愚人，还有智人。愚人为小人，智人为大人。愚者问于智人，智者为愚人说法。但愚人忽然悟解心开，他就与智人无别。

善知识！一念不悟，佛也是众生。一念悟时，众生就是佛。因此，人们知道世界万法尽在人的自心之中。人们为何不从自心之中顿见自己的真如本性呢？《菩萨戒经》说：'我本来就是自性清净。'假若人识得自心，见到自性，那么人皆能完成佛道。《净名经》说：'人即时豁然开朗，就能反得本心。'

善知识！我在弘忍和尚那里，一听闻佛法的言说，在其启发之下当即就开悟了，顿时见到了自己的真如本性。因此我将此教法流布行化，让学道的人顿悟菩提，各自观照本心，自见本性。

假若人不能自悟的话，那么他须寻觅大善知识，也就是能理解最上乘法的人，直接指示正路。这在于善知识有大因缘，他通过所谓的化导，让人们能够见性。一切善法都是因为善知识而能够发起。三世诸佛和十二部经在人性中本来就自己具有。如果人们不能自悟的话，那么他须请求善知识指示后才能见到。

假若能自悟的人，他就不需要假借外求。假若人一向执着说必须借助善知识，希望得到解脱，这样的观点无有是处。为什么？人的自心内有知识，可以自悟。假若人生起邪迷，妄念颠倒，虽有外在的善知识教授，但他也不可得救。假若人生起真正的般若观照，一刹那间，他的妄念就会全部消灭。假若人识得自性，那么他一悟就直至佛地。

善知识！要用智慧观照一切，让内外明彻，认识自己的本心。假若人识见了本心，就是根本解脱。假若得到解脱，就是般若三昧。般若三昧就是无念。什么叫做无念？假若人见到一切法时心却不染著，这就是无念。心的应用虽然遍及一切处所，但不执著于一切处所。只要人清净本心，使六识，出六门，于六尘中，无染无杂，来去自由，通用无滞，这就是般若三昧，自在解脱。这就叫做无念行。假若人不思考一切事物，当使心念断绝，这就是法缚，也叫做边见。

善知识！觉悟到无念法的人，能通达万法。觉悟到无念法的人，能见到诸佛的境界。觉悟到无念法的人，能到达佛的地位。

善知识！后代得到我的佛法的人，能将此顿教法门与同见、同行的人一起发愿受持，如同事奉佛自身一样，而且终身坚持不退，必定能进入到圣位。但是，人们须传授从佛祖以来默传分付的佛法，而不得隐匿其正法。假若不同见、同行，在别法中修行的人，人们不得传付正法给他们。这将损害其前人的教法，终究是没有益处的。这也恐怕愚人不理解而毁谤这个法门，使百劫千生断绝佛的种性。

善知识！我有一《无相颂》，你们每个人都必须念诵记取。不管你们在家出家，只要依此修行即可。假若你们不自修，只记得我的言语，也是没有益处的。

请听我的偈颂：

说通及心通，如日处虚空。

唯传见性法，出世破邪宗。

法即无顿渐，迷悟有迟疾。

论慧能

只此见性门，愚人不可悉。

说即虽万般，合理还归一。

烦恼暗宅中，常须生慧日。

邪来烦恼至，正来烦恼除。

邪正俱不用，清净至无余。

菩提本自性，起心即是妄。

净心在妄中，但正无三障。

世人若修道，一切尽不妨。

常自见己过，与道即相当。

色类自有道，各不相妨恼。

离道别觅道，终身不见道。

波波度一生，到头还自懊。

欲得见真道，行正即是道。

自若无道心，暗行不见道。

若真修道人，不见世间过。

若见他人非，自非却是左。

他非我不非，我非自有过。

但自却非心，打除烦恼破。

憎爱不关心，长伸两脚卧。

欲拟化他人，自须有方便。

勿令彼有疑，即是自性现。

佛法在世间，不离世间觉。

离世觅菩提，恰如求兔角。

正见名出世，邪见名世间。

邪正尽打却，菩提性宛然。

此颂是顿教，亦名大法船。

迷闻经累劫，悟则刹那间。"

大师又说："今天我在大梵寺所说的这个顿教法门，普愿天下众生听闻之后当下就能见性成佛。"

当时，韦使君与官僚道俗听闻了大师所说佛法，无不省悟。大家同时向大师作礼，都赞叹道："太好了！何曾期望岭南有佛出世！"

解 析

一、摩诃

摩诃是梵文，其意义为大。最大的大是无限的大，也就是虚无或者虚空。与一般理解不同，慧能将大解释为心量广大。

1.空。它既没有任何物理存在者的特点，也没有任何心理存在者的特点。不仅如此，而且它自身不等同于任何一个存在者。慧能将其比喻为虚空。这里的空不同于一般佛教所说的空。空一般理解为缘起性空，亦即诸行无常，诸法无我，没有自性。

2.不住空。虽然空不能理解为任何一种形态的存在者，但人们不能执著于空，如空心静坐等。当人执着于空时，就把空当成了一个特别的存在者。

3.空含万法。人的心灵虽然空无，但能包含万法或者万物。心能容纳一切存在者。

4.不住法。虽然心能包含万法，但不执著于万法。这就会来去自由，而显示空有不二，亦即非空非有，亦空亦有。

论慧能

二、般若

般若是梵文，其意义为智慧。其体为实相，其用为观照。它区别于一般的智慧，是终极圆满的智慧。它知道人和世界的真相，亦即缘起性空，故为空性的智慧。般若大致分为三种，即实相般若、观照般若和文字般若。与一般理解不同，慧能将般若解释为自性般若或自心般若。这就是说，般若不是外在的，而是内在的。不仅诸佛具有般若，而且众生也具有般若。

1. 般若是智慧心。它在根本上不是某种神秘的知识，而就是人的自心和自性。世人本有般若之智，只是因为心迷，所以需要他人来示导见性。

2. 般若在于一念之间。一念愚即般若绝；一念智即般若生。

3. 般若在于心行。般若不在于口念，而在于心行。一切时中，一切处所，人都要心行般若。

三、波罗蜜

波罗蜜是梵文，其意义为到彼岸。彼岸和此岸是对立的。此岸是著境生灭起，彼岸是离境无生灭，亦即寂静涅槃。与一般的理解不同，慧能将波罗蜜理解为心念的转变。

1. 此岸。此岸有生灭，这在于迷人的心念有妄有非。

2. 彼岸。彼岸无生灭，这在于智者的心念契合了真性。

3. 从此岸到彼岸。这是从迷误到觉悟的转换，它只是在一念之间。迷是凡夫，是烦恼；悟是佛、是菩提。迷和悟都是同一心，因此凡夫即佛、烦恼即菩提。

四、《金刚经》

《金刚经》主要是宣讲无相空性的智慧和离相无住的法门。

1.小根人。其根性下乘，他们听到《金刚经》，心生不信，不知道自己本有般若之智。

2.上根人。其根性上乘，他们听到《金刚经》，心开悟解，知道自己本有般若之智。

3.人与经书。一切经书皆为人置，为启发人的般若之智。

五、无念法

慧能称无念法为般若三昧，亦即定于般若智慧的空有不二。

1.明心。无念不是不思。百物不思是法缚，是邪见。无念是没有邪念，而有正念。正念是真如之念，亦即自性之念。

2.不住法。心见一切法，而不执着一切法。不被系缚，就得解脱。

3.来去自由。人的本心使六识出六门，在六尘中无染无住。人既不执着空，也不执着有，就是自由。

弘一法师行书《金刚经》（局部）

4.无念法的功德。第一，通达万法。万法的本性就是心色如一，空有不二。第二，亲证诸佛神奇的觉悟境界，知道了万法的实性。第三，达到佛的最高的地位，即自觉和觉他，究竟圆满。

六、无相颂之一

说通及心通，如日处虚空。

唯传见性法，出世破邪宗。

1.说通及心通。说是言说，特别是关于佛法的言说。心是自心或自性。通是通达无碍。说通和心通就是佛教中的教下和宗门。它们都是通达佛性的道路。说通和心通是不可分割的。说通必须心通，心通也必须说通。它们合二为一。

2.如日处虚空。当人通达了佛性时，他所亲证的自心或者自性就如同天空中的太阳。太阳照耀天空，一片光明。

3.唯传见性法。见性是亲见自性，也就是亲证自性。见性法是唯一的智慧法门，因此，人们也只能传授此唯一的智慧法门。

4.出世破邪宗。邪宗是一切主张非见性法的宗派。见性法的出世就是要破除非见性法。

隋·智永楷书集《无相颂》（局部）

七、无相颂之二

法即无顿渐，迷悟有迟疾。

只此见性门，愚人不可悉。

1.法即无顿渐。佛法揭示了真理，它是无二的，没有顿渐之分。

2.迷悟有迟疾。人分为智者和愚人。从迷到悟，智者快，愚人慢。

3.只此见性门。见性门只论见性，觉悟诸法实相，不论禅定、解脱。其实，不仅禅定在于般若智慧，解脱也在般若智慧。

4.愚人不可悉。愚人迷误，追求外在，不识自性，故不知晓见性门。

八、无相颂之三

说即虽万般，合理还归一。

烦恼暗宅中，常须生慧日。

1.说即虽万般。说是说法。针对不同的机缘，人就需要不同的说法。有八万四千种烦恼，就有八万四千种法门。

2.合理还归一。尽管佛教有八万四千种法门，但最后还原到唯一无二的真理，也就是见性。

3.烦恼暗宅中。人有贪嗔痴三毒，就会有无穷的烦恼。人在烦恼之中，就如同居住在黑暗的房子里一样。

4.常须生慧日。针对黑暗的烦恼，人要时常有智慧的太阳去照亮它。烦恼与智慧、黑暗和太阳，就在一念之间的转换，也就是见性。

九、无相颂之四

邪来烦恼至，正来烦恼除。

论慧能

邪正俱不用,清净至无余。

1.邪来烦恼至。邪是邪念,各种妄想。它带来烦恼。

2.正来烦恼除。正是正念,觉悟之心。它消除烦恼。

3.邪正俱不用。邪念和正念是相对的,且相互依存。正念是克服邪念的。当邪念被铲除之后,正念就随之消失了。因此,邪念和正念最后都要被否定。

4.清净至无余。在消除了正念和邪念之后,人的清净心就会呈现出来。这就是明心见性。

十、无相颂之五

菩提本自性,起心即是妄。

净心在妄中,但正无三障。

1.菩提本自性。菩提作为觉悟的智慧并非外在于人的自性,而是内在于人的自性。菩提就是人的自性所生起的觉悟智慧。

2.起心即是妄。当人的心灵为外缘所动时,它就产生了生灭,亦即妄想。

3.净心在妄中。人的清净心就在于妄想心之中。这在于它们就是同一心。此同一心既能产生真心,也能产生妄心。

4.但正无三障。当除去妄想心,人就可以回归清净心,而没有三障(烦恼障、业障和报障)。

十一、相颂之六

世人若修道,一切尽不妨。

常自见己过,与道即相当。

1. 世人若修道，一切尽不妨。人们修成佛之道，既不是自然之道（道家），也不是社会之道（儒家），而是心灵觉悟之道。其关键是明心见性，觉悟人和世界的真理。因此，这并不妨碍人们在世界中的一切活动。

2. 常自见己过，与道即相当。如果修道就是明心见性的话，那么就要觉察自己的过错，也就是妄念。只有消除了妄念，人才能获得正念，而达到道。

十二、无相颂之七

色类自有道，各不相妨恼。

离道别觅道，终身不见道。

1. 色类自有道，各不相妨恼。世界中种种色身，亦即一切众生各有自己的道，亦即自己的本性。它们互不妨碍，互不惹恼。

2. 离道别觅道，终身不见道。道就在世界的众生之中。假使人们离开了众生之道而寻觅其他的道的话，那么人们永远走的是邪道，而见不到道。

十三、无相颂之八

波波度一生，到头还自懊。

欲得见真道，行正即是道。

1. 波波度一生，到头还自懊。人的心灵奔波，四处攀缘，这只是行走在邪道上。如此与道无缘的一生就是荒废了，而人只有懊恼。

2. 欲得见真道，行正即是道。人从邪道走向真道，就是去除妄想，回归真心。这是走在正路上，是真正的修道。

论慧能

十四、无相颂之九

自若无道心，暗行不见道。

若真修道人，不见世间过。

1. 自若无道心，暗行不见道。假若人无道心，也就是无觉悟之心的话，那么他就没有光明，而只能在黑暗中行走，而看不见道。

2. 若真修道人，不见世间过。真正的修道之人消除了自己的虚妄之心，因此也就不会看到世间的过错。

十五、无相颂之十

若见他人非，自非却是左。

他非我不非，我非自有过。

1. 若见他人非，自非却是左。假若人看到他人有非，就是自己有非。将他人之非转变成自己之非，这是错误的。

2. 他非我不非，我非自有过。他人之非是他人之非，不是我之非。这在他人，而不在我。但我将他人之非以为是非，这就不是他人之非，而是我之非。

十六、相颂之十一

但自却非心，打除烦恼破。

憎爱不关心，长伸两脚卧。

1. 但自却非心，打除烦恼破。人除去了非人之心，就可以消除自己的妄心，而打破烦恼了。

2. 憎爱不关心，长伸两脚卧。人无憎无爱，也就是无善无恶，自然无烦恼，得清净，自由自在。

十七、无相颂之十二

欲拟化他人，自须有方便。

勿令彼有疑，即是自性现。

1.欲拟化他人，自须有方便。假若人要度化他人的话，那么他自己就要明心见性。他不仅要有道，有智慧，而且要有术，有方便。

2.勿令彼有疑，即是自性现。度化他人就是使其去除疑惑，而同时就是让其显露自性。

十八、无相颂之十三

佛法在世间，不离世间觉。

离世觅菩提，恰如求兔角。

1.佛法在世间，不离世间觉。因为佛法就是关于人与世界的智慧，所以要在世界之中寻找佛法。

2.离世觅菩提，恰如求兔角。假若人离开世界去寻找菩提智慧的话，那么这就是在寻找一种根本不存在的东西，如同兔子的角一样。这是完全不可能的。

十九、无相颂之十四

正见名出世，邪见名世间。

邪正尽打却，菩提性宛然。

1.正见名出世，邪见名世间。正见是佛的知见，即般若智慧。它是觉悟的出世。邪见是非佛的知见，即愚痴见解。它是迷误的世间。

2. 邪正尽打却，菩提性宛然。正邪是相对的、对立的。当正见消除了邪见之后，正见也要消除。此时正是菩提自性显现之时。

二十、无相颂之十五

此颂是顿教，亦名大法船。

迷闻经累劫，悟则刹那间。

1. 此颂是顿教，亦名大法船。上述偈颂是关于明心见性的顿教法门。它如同大法船一样，让人从此岸达到彼岸，也就是从迷到悟。

2. 迷闻经累劫，悟则刹那间。人若迷误，则永远不能见性；人若觉悟，则瞬间可以成佛。

疑问品第三

　　一日，韦刺史为师设大会斋。斋讫，刺史请师升座，同官僚士庶，肃容再拜。问曰："弟子闻和尚说法，实不可思议。今有少疑，愿大慈悲，特为解说。"

　　师曰："有疑即问，吾当为说。"

　　韦公曰："和尚所说，可不是达摩大师宗旨乎？"

　　师曰："是。"

　　公曰："弟子闻达摩初化梁武帝，帝问云：'朕一生造寺度僧，布施设斋，有何功德？'达摩言：'实无功德。'弟子未达此理，愿和尚为说。"

　　师曰："实无功德。勿疑先圣之言。武帝心邪，不知正法。造寺、度僧，布施、设斋，名为求福，不可将福便为功德。功德在法身中，不在修福。"

　　师又曰："见性是功，平等是德。念念无滞，常见本性真实妙用，名为功德。内心谦下是功，

明·孙克弘《达摩像》

53

论慧能

元《白衣观音图》,125.5x53.9cm,京都国立博物馆

外行于礼是德。自性建立万法是功,心体离念是德。不离自性是功,应用无染是德。若觅功德法身,但依此作,是真功德。若修功德之人,心即不轻,常行普敬。心常轻人,吾我不断,即自无功。自性虚妄不实,即自无德,为吾我自大,常轻一切故。

善知识!念念无间是功,心行平直是德。自修性是功,自修身是德。

善知识!功德须自性内见,不是布施、供养之所求也。是以福德与功德别。武帝不识真理,非我祖师有过。"

刺史又问曰:"弟子常见僧俗念阿弥陀佛,愿生西方。请和尚说,得生彼否?愿为破疑。"

师言:"使君善听,慧能与说。世尊在舍卫城中,说西方引化经文,分明去此不远。若论相说,里数有十万八千,即身中十恶八邪,便是说远。说远，为其下根；说近，为其上智。

人有两种，法无两般。迷悟有殊，见有迟疾。迷人念佛求生于彼；悟人自净其心。所以佛言：'随其心净，即佛土净。'

使君东方人，但心净即无罪。虽西方人，心不净亦有愆。东方人造罪，念佛求生西方；西方人造罪，念佛求生何国？

凡愚不了自性，不识身中净土，愿东愿西，悟人在处一般。所以佛言：'随所住处恒安乐'。

使君！心地但无不善，西方去此不遥。若怀不善之心，念佛往生难到。今劝善知识，先除十恶，即行十万；后除八邪，乃过八千。念念见性，常行平直，到如弹指，便睹弥陀。

使君！但行十善，何须更愿往生。不断十恶之心，何佛即来迎请？若悟无生顿法，见西方只在刹那。不悟念佛求生，路遥如何得达？慧能与诸人移西方如刹那间，目前便见。各愿见否？"

众皆顶礼云："若此处见，何须更愿往生？愿和尚慈悲，便现西方，普令得见。"

师言："大众！世人自色身是城，眼耳鼻舌是门。外有五门，内有意门。心是地，性是王。王居心地上。性在王在，性去王无。性在身心存，性去身心坏。佛向性中作，莫向身外求。

自性迷即是众生，自性觉即是佛。慈悲即是观音。喜舍名为势至。能净即释迦。平直即弥陀。人我是须弥。邪心是海水。烦恼是波浪。毒害是恶龙。虚妄是鬼神。尘劳是鱼鳖。贪嗔是地狱。愚痴是畜生。

善知识！常行十善，天堂便至。除人我，须弥倒。去邪心，海水竭。烦恼无，波浪灭。毒害除，鱼龙绝。自心地上觉性如来，放大光明。外照六门清净，能破六欲诸天。自性内照，三毒即除。地狱等罪，一时消灭。内外明彻，不异西方。不作此修，如何到彼？"

大众闻说，了然见性，悉皆礼拜，俱叹善哉！唱言："普愿法界众生，

论慧能

闻者一时悟解。"

师言："善知识！若欲修行，在家亦得，不由在寺。在家能行，如东方人心善。在寺不修，如西方人心恶。但心清净，即是自性西方。"

韦公又问："在家如何修行，愿为教授。"师言："吾与大众说《无相颂》，但依此修，常与吾同处无别。若不依此修，剃发出家，于道何益！"

颂曰：

心平何劳持戒，行直何用修禅。

恩则孝养父母，义则上下相怜。

让则尊卑和睦，忍则众恶无喧。

若能钻木出火，淤泥定生红莲。

苦口的是良药，逆耳必是忠言。

改过必生智慧，护短心内非贤。

日用常行饶益，成道非由施钱。

菩提只向心觅，何劳向外求玄。

听说依此修行，西方只在目前。

师复曰："善知识！总须依偈修行，见取自性，直成佛道。法不相待，众人且散，吾归曹溪。众若有疑，却来相问。"

时刺史、官僚，在会善男信女，各得开悟，信受奉行。

译　文

有一日，韦刺史为慧能大师设大会斋。在斋饭完毕后，韦刺史请大师登上法座，并且同官僚和广大信众们肃整仪容，再次礼拜大师，问道："弟子们听闻和尚所说的佛法，实在奇妙得不可思议。现在我有些疑问，愿大师发大慈悲，特地为我解说。"

大师说："你有什么疑问即刻就问，我当为你解说。"

韦刺史说："和尚所说的佛法，可不是达摩大师所说的宗旨吗？"

大师说："是的。"

韦刺史说："弟子听闻达摩当初度化梁武帝时，武帝问：'朕一生建造寺庙，救度僧人，布施财物，设置斋会，这有什么功德吗？'达摩说：'实在没有什么功德。'弟子未有通达此理，希望和尚为我解说。"

大师说："武帝实在没有什么功德。你不要怀疑先圣所说的话。武帝心存邪见，不知道真正的佛法。建造寺庙，救度僧人，布施设斋，这只能称为求得福报，人不可将福报就认为是功德。功德只在法身之中，不在修福之中。"

大师又说："人能见到自性是功，平等无别是德。人念念之间无有滞碍，常见自身的本性真实无虚，能起妙用，这就名为功德。人内心谦下是

论慧能

功，外行于礼是德。人从自性建立万法是功，人让心体离开妄念是德。人不离自身本性是功，应用万法而无染是德。假若人寻觅功德法身，只要依照如此而作，就是真功德。假若真正修功德的人，他的心就不会轻慢，而常行普遍的敬重。假若人心常轻慢他人，自己的我执不能断绝，就自无功德。假若人的自性虚妄不实，就自无功德，这是因为人以我自大，常轻一切的缘故。

善知识！人心念念无有间断是功，心行平直无邪是德。自己修炼本性是功，自己修炼身行是德。

善知识！功德须在人的自性内见到，不是布施供养所能求得。因此福德与功德有别，武帝不认识真理，并非我祖师有什么过错。"

刺史又问："弟子常见僧人和俗人念阿弥陀佛，发愿往生西方净土。请和尚解说，这样念佛能否往生西方净土？请你为我破除疑惑。"

大师说："请韦使君好好听着，我慧能为你解说。释迦牟尼佛当年在舍卫城中所说接引化度到西方净土的经文，明确指出西方离此不远。但假若论形相说，由此到西方的里数有十万八千里，也就是比喻人身中的十恶八邪，这就是说西方离此之远。佛说西方之远，是为下智之人说的；说西方之近，是为上智之人说的。

虽然人的根性有两种，但佛法并无两般。因为人的迷惑和觉悟不同，所以

清·王震《达摩像》

日本镰仓时代《净土曼陀罗图》

人的见解有迟有快。迷误的人念佛希求往生于西方净土；觉悟的人则自净其心。所以佛说：'随着人自身心灵的清净，佛土也自然清净。'

使君！虽然是东方人，但只要心净也就无罪。虽然是西方人，但心不净也有罪。如果东方人造了罪业，那么他念佛求生西方；如果西方人造了罪业，那么他念佛求生何国呢？

凡愚之人不了解自性，不认识自身中的净土，于是发愿往生东方、西方，但觉悟之人认为所有的处所都是同等一般的。所以佛说：'随人所住

论慧能

之处而恒常保持安乐。'

使君！心地只要没有不善之念，西方就会离此不远。若怀不善之心，念佛往生难到。今劝善知识，先除十恶，就是行了十万；后除八邪，就是过了八千。时刻见到自性，经常行走平直，到达西方就易如弹指之间，便能亲睹阿弥陀佛。

使君！只要人常行十善，又何须再愿往生西方？假使人不断十恶之心，何佛即来迎请他往生西方？假若人悟到无生无灭的顿教法门，他见到西方只在刹那之间。假若他不悟到这个法门，即使他念佛求生，前往西方路途遥远，这又如何能够到达？慧能为诸人移西方到此就在刹那之间，大家目前便能见到。各位愿见否？"

众人皆顶礼说道："假若能此处见到西方，我们何须再愿往生？愿和尚慈悲，立刻显现西方，让大家都能见到。"

大师说："各位！世人自己的色身如同是一座城，眼耳鼻舌如同是城门。外有五个城门，内有一个意门。心如同是土地，性如同是国王。国王居住在心的土地上。性在王就在，性去王就无。性在身心就存在，性去身心就毁坏。人要成佛，就要向性中去作为，不要向身外去寻求。

假若自性迷误，人即是众生，假若自性觉悟，人即是佛。人怀有慈悲，就是观音。喜于施舍，就是势至。能够清净，就是释迦。行为平直，就是弥陀。人怀有人我分别，就是须弥。存有邪心，就是海水。不断烦恼，就是波浪。心生毒害，就是恶龙。执迷虚妄，就是鬼神。奔波尘劳，就是鱼鳖。常有贪嗔，就是地狱。无知愚痴，就是畜生。

善知识！人经常修行十善，天堂就会到来。消除人我之别，须弥就会崩溃。消去邪心，海水就会枯竭。烦恼无有，波浪灭尽。毒害除却，鱼龙绝迹。在人自心地上的觉性如来就会放大光明。它向外照耀，能清净人的眼耳鼻舌身意六门的通道，能破除欲界六天的障碍。它内照自性，贪嗔痴三毒马上消除。人堕入地狱等的罪业也一时会消灭。人内外明彻，不异于西方净土。人如果不作如此的修行的话，那么他如何能够到达西方极乐世界?"

大众听闻此说，立刻见到自己的本性，全体礼拜慧能大师，同声赞叹好极了! 他们又唱道:"普愿法界一切众生，听闻到此法的即刻悟解。"

大师说:"善知识! 你们假若想要修行，在家也是可以的，不一定就要在寺里。人在家能修行，就如同东方人心灵善良。在寺不修行，就如同西方人心灵恶毒。人只要心灵清净，就是达到了自性西方。"

韦刺史又问:"人在家如何修行，请大师教导我们。"

大师说:"我为你们大众说《无相颂》，你们只要依此修行，就好像常与我同处无别。假若你们不依此修行，即使剃发出家，对于修道又有何益处呢?"

偈颂说:

心平何劳持戒? 行直何用修禅?

恩则孝养父母，义则上下相怜。

让则尊卑和睦，忍则众恶无喧。

若能钻木出火，淤泥定生红莲。

苦口的是良药，逆耳必是忠言。

改过必生智慧，护短心内非贤。

日用常行饶益，成道非由施钱。

菩提只向心觅，何劳向外求玄。

听说依此修行，西方只在目前。

大师又说:"善知识! 大家都必须依照偈颂修行，各自见取自性，直接成就佛道。修行佛法的时间是不可等待的，大家暂时散去。我要回到曹溪。大家若是有疑问，就来问我好了。"

当时，韦刺史与官僚们，在法会上的善男信女们，各自都得到开悟，对于慧能所传的佛法信受奉行。

论慧能

解　析

一、功德之一

慧能认为梁武帝实无功德。造寺、度僧，布施、设斋，只是福德，不是功德。真正的功德只是在法身之中。

二、功德之二

慧能揭示真正的功德。

1. 见性是功，平等是德。功德是明心见性，万法平等。

2. 内心谦下是功，外行于礼是德。功德是内外兼修，谦己礼人。

3. 自性建立万法是功，心体离念是德。功德是建立万法，超离妄念。

4. 不离自性是功，应用无染是德。功德是不离自性，不染尘境。

5. 念念无间是功，心行平直是德。功德是心念精进，心行正道。

6. 自修性是功，自修身是德。功德是自修心身，自修内外。

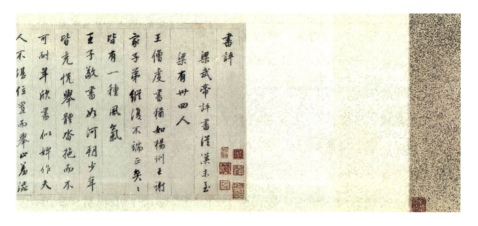

明·董其昌行书《梁武帝书评》

三、功德之三

慧能区分了有功德和无功德之人。

有功德之人，明心见性，故心即不轻，常行普敬。

无功德之人，自性虚妄不实，故吾我自大，常轻一切。

四、东方与西方

1.西方的远近。阿弥陀佛是西方净土（极乐世界）的教主。其梵语意为无量光佛和无量寿佛，亦即无限的光明和生命之佛。人们通过念佛达到一心不乱，亦即念佛三昧，便可得到阿弥陀佛的接引，而往生西方净土。但慧能认为，东方或西方并非有相，而是无相，亦即在于心之远近。说远，东方距西方有十万八千，即身中十恶（杀生等）八邪（邪见等）；说近，东方与西方就在一处，即身中十善（不杀生等）八正（正见等）。

2.迷人和悟人。迷人念佛求生西方，悟人无念自净其心。所以佛祖说道：随其心净，即佛土净。迷人不识身中净土，愿东愿西，悟人认识自身本性，在处一般。所以佛祖说道：随所住处恒

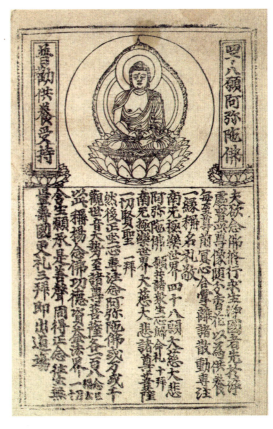

五代人《四十八愿阿弥陀佛造像》

安乐。

3.去恶行善。人先除十恶行十善，就是行走了十万里；后除八邪行八正，就是跨过了八千里。这样就可以亲见阿弥陀佛，到达极乐净土。

五、自性净土

慧能认为净土并非有相，而是无相。净土在根本上是人自身的清净心。

1.身与心。人自身的身心就是净土的建筑。身是城，眼耳鼻舌身是外门，意是内门。

2.心与性。心是地，性是王。王居心地上。因此，性是心的规定者，也是身的规定者。

3.迷与悟。人的心念产生万法，迷和悟就会产生相应的现象。

4.去恶行善。常去十恶，地狱便灭；常行十善，天堂便至。

六、无相颂之一

心平何劳持戒，行直何用修禅。

恩则孝养父母，义则上下相怜。

1.心平何劳持戒。心平不是日常所言的心平气和，而是自性清净心。心平就会沿道而行，行善去恶。因此无需持戒。

2.行直何用修禅。行直不是日常所言的行为正直，而是自性般若行。行直就会去除妄念，一心不乱。因此无需修禅。

3.恩则孝养父母。有感恩之心就会孝养父母。

4.义则上下相怜。有仁义之心就会怜爱他人。

七、无相颂之二

让则尊卑和睦，忍则众恶无喧。

若能钻木出火，淤泥定生红莲。

1. 让则尊卑和睦。礼让他人则尊卑有序，和谐共存。

2. 忍则众恶无喧。忍受耻辱则不思报复，冤仇有尽。

3. 若能钻木出火。此喻精进修行，奋斗不息，必能明心见性。

4. 淤泥定生红莲。此喻烦恼定生菩提，众生定能成佛。

八、无相颂之三

苦口的是良药，逆耳必是忠言。

改过必生智慧，护短心内非贤。

1. 苦口的是良药。良药虽然苦口，但能治疗疾病。这看起来不好，但实际上好。

2. 逆耳必是忠言。忠言虽然逆耳，但有利于人行。这看起来不善，但实际上善。

3. 改过必生智慧。改掉过错，就是改掉愚迷，因此能生智慧。

4. 护短心内非贤。保护短处，就是保护恶行，因此并非贤良。

九、无相颂之四

日用常行饶益，成道非由施钱。

菩提只向心觅，何劳向外求玄。

1. 日用常行饶益。在日常生活中要利益众生，也就是爱众生。

2. 成道非由施钱。布施钱财无法成道，甚至可能障道。

3.菩提只向心觅。获得菩提智慧只能寻找内在，明心见性。

4.何劳向外求玄。向外寻找菩提智慧只是徒劳，没有效果。

十、无相颂之五

听说依此修行，西方只在目前。

听说依此修行。听见性法，说见性法，并能依照见性法修行，就能见到西方天堂。这是因为真正的西方天堂不是某种外在的西方天堂，而就是自性西方天堂。

定慧品第四

师示众云："善知识！我此法门，以定慧为本。大众勿迷，言定慧别。定慧一体，不是二。定是慧体，慧是定用。即慧之时定在慧，即定之时慧在定。若识此义，即是定慧等学。

诸学道人！莫言先定发慧，先慧发定，各别。作此见者，法有二相，口说善语，心中不善。空有定慧，定慧不等。若心口俱善，内外一如，定慧即等。自悟修行，不在于诤。若诤先后，即同迷人。不断胜负，却增我法，不离四相。

善知识！定慧犹如何等？犹如灯光。有灯即光，无灯即暗。灯是光之体，光是灯之用。名虽有二，体本同一。此定慧法，亦复如是。"

师示众云："善知识！一行三昧者，于一切处行住坐卧，常行一直心是也。《净名经》云：'直心是道场，直心是净土。'莫心行谄曲，口但说直，口说一行三昧，不行直心。但行直心，于一切法勿有执著。迷人著法相，执一行三昧，直言常坐不动，妄不起心，即是一行三昧。作此解者，即同无情，却是障道因缘。

善知识！道须通流，何以却滞？心不住法，道即通流。心若住法，名为自缚。若言常坐不动是，只如舍利弗宴坐林中，却被维摩诘诃。

善知识！又有人教坐，看心，观静，不动不起，从此置功。迷人不会，便执成颠。如此者众。如是相教，故知大错。"

师示众云："善知识！本来正教，无有顿渐，人性自有利钝。迷人渐修，悟人顿契。自识本心，自见本性，即无差别。所以立顿渐之假名。

论慧能

明·钱毂《定慧禅院图》

善知识！我此法门，从上以来，先立无念为宗，无相为体，无住为本。无相者，于相而离相。无念者，于念而无念。无住者，人之本性。于世间善恶、好丑，乃至冤之与亲，言语触刺欺争之时，并将为空，不思酬害。念念之中，不思前境。若前念今念后念，念念相续不断，名为系缚。于诸法上，念念不住，即无缚也。此是以无住为本。

善知识！外离一切相，名为无相。能离于相，则法体清净。此是以无相为体。

善知识！于诸境上，心不染，曰无念。于自念上，常离诸境，不于境上生心。若只百物不思，念尽除却，一念绝即死，别处受生，是为大错。学道者思之。若不识法意，自错犹可，更劝他人。自迷不见，又谤佛经。所以立无念为宗。

善知识！云何立无念为宗？只缘口说见性迷人，于境上有念，念上便起邪见，一切尘劳妄想从此而生。自性本无一法可得。若有所得，妄说祸福，即是尘劳邪见。故此法门立无念为宗。

　　善知识！无者无何事？念者念何物？无者无二相，无诸尘劳之心。念者念真如本性。真如即是念之体，念即是真如之用。真如自性起念，非眼耳鼻舌能念。真如有性，所以起念。真如若无，眼耳色声，当时即坏。

　　善知识！真如自性起念，六根虽有见闻觉知，不染万境，而真性常自在。故经云：'能善分别诸法相，于第一义而不动。'"

译　文

　　慧能大师开示大众说："善知识！我的这个法门，以禅定、智慧作其根本。大家不要迷误，说禅定、智慧有别。禅定、智慧本是一体，不是二分。禅定是智慧的本体，智慧是禅定的功用。当人在智慧之时，禅定就在智慧之中；当人在禅定之时，智慧就在禅定之中。假若人认识到这个意义，就是禅定、智慧平等修学。

论慧能

南宋·佚名《维摩居士图》

诸位修学佛道的人！不要说需先禅定后启发智慧，或者先智慧后启发禅定，把禅定和智慧看成各别。作如此见解的人，就是认为佛法也有二相。虽然他口说善语，但心中不善。空有禅定和智慧的名字，而禅定和智慧没有同等修学。假若心口俱善，内外一如，禅定和智慧就会相等。人要自悟修行，不在于诤辩禅定和智慧的先后。假若诤辩禅定和智慧先后，就等同于迷人。假若人不能断除胜负的念头，就会增加我执和法执，不能远离四相（我、人、众生、寿者）。

善知识！禅定和智慧犹如何等事情？它们犹如灯光。有灯就有光，无灯就会暗。灯是光的本体，光是灯的功用。灯与光名字虽然有二，但体性本是同一。这一禅定和智慧法，也是如此。"

大师开示大众说："善知识！所谓一行三昧，就是人在一切处所，行住坐卧，能够常行一直心。《净名经》说：'直心是道场，直心是净土。'人切莫心里行谄曲，只口里说正直；口里说一行三昧，但不行直心。人只要行直心，不要执著于一切法相。迷人执著于法相，执着于一行三昧，直接言称要常坐不动，妄不起心，就是一行三昧。作此种见解的人，就如同无情的草木一样，却成为了阻碍修道的因缘。

善知识！道必须通流不息，为何停滞不前？只要心不住于法相，道就会通流。心假若住于法相，这就名为自缚。假若人们说常坐不动就是一行三昧，这只是如同舍利弗静坐林中，却被维摩诘呵斥。

善知识！又有人教人静坐，看守心，观照静，身心不动不起，从此处下工夫。迷人不会佛法，便执着于此，成为是非颠倒。如此者众多。这样教导他人佛法，要知道是大错特错的。"

大师开示大众说："善知识！本来真正的教法是无有顿渐之分的，只是人性自有利钝之别。迷误之人逐渐修行，觉悟之人顿时契入。只要人自识本心，自见本性，也就毫无差别。所以设立顿渐这样的假名。

善知识！我此法门，从上代祖师以来，首先建立无念为宗，无相为体，无住为本。所谓无相，就是处于一切相而超离一切相。所谓无念，就是处于一切念而无执著一切念。所谓无住，就是人的本性。人对于世间善恶好丑，乃至冤家与亲人，在言语触犯、刺激、欺骗和争执之时，一并将它们化为空无，不思考报复伤害。在念念之中，人不思考以前的境遇。假若前念、今念、后念，念念相续不断，这就名为系缚。人在一切诸法上，念念不住，也就无缚。这是以无住为本。

善知识！人外离一切相，这就名为无相。人能超离一切相，则会法体清净。这是以无相为体。

善知识！人在诸境相上，心不被污染，就是无念。人在自己的心念上，常离开诸种境相，不在境相上生心。假若人只是百物不思，念头完全消除，这样一念断绝就会死亡，到别处受生，这会成为大错。学道者要好好想想。假若人不能认识佛法大意，自己犯错犹可，但还要再劝他人。人自迷不见本性，又毁谤佛经。所以建立无念为宗。

善知识！为何要建立无念为宗？这只是因为口说见性的迷人，在境相上有执念，在执念上便起邪见，一切尘劳妄想，都是从此而产生的。自性

论慧能

本无通过某一法可得。假若人以为自性可通过某一法而有所得，而妄说祸福，这就是尘劳邪见。因此这一法门要建立无念为宗。

善知识！所谓无，是无何种事呢？所谓念，是念何种物呢？所谓无，就是无二分差别之相，无一切尘劳之心。所谓念，就是念真如本性。真如就是念的本体，念就是真如的功用。是人的真如自性起念，并非人的眼耳鼻舌能念。因为真如具有自性，所以能生起念头。真如若无自性，眼耳色声等感觉器官当时就会坏掉。

善知识！唯有真如自性才能起念，六根等感觉器官虽然有见闻觉知，但不染万境，那么真性就会永远自在。故佛经说：'真如佛性能善于分别一切法相，但是在自性第一义上是不动的'。"

解　析

一、定慧一体

1. 定是禅定，慧是智慧，亦即般若。它们是属于佛教的基本学说的戒定慧三学之中的两学，也属于持戒、忍辱、禅定、精进、布施、般若六度中的两度。

2. 禅定自身可分为禅与定。禅是禅那，是静虑或思维修。它能观照实相，获得智慧；定是三昧，是正定、正受或正心行处。它能使心定于一处。中国佛教将禅与定合称为禅定（观与止），但有先定后禅（智慧），或先禅（智慧）后定之争。

3. 但慧能认为禅定和智慧不是二分，而是一体。定是慧体，慧是定用。禅定为体，寂而常照；智慧为用，照而常寂。

4. 慧能把定与慧比喻成灯与光。有灯就有光，无灯只有暗。灯是光之体，光是灯之用。灯与光名字虽二，但体本同一。在根本上说，禅定和智慧都是基于自性。禅定定于自性，智慧照见自性。

二、一行三昧

1.一行三昧就是惟专一行，修习正定。

2.慧能认为，一行三昧是在一切时间处所常行一直心，也就是保持自性清净。

3.慧能认为，一行三昧不是常坐不动，妄不起心。这只是把有情众生当成了无情众生。同时，道须通流，心不住法。心若住法，就是自缚。

4.慧能认为，一行三昧也不是看心观静，不动不起。这只是着相、执迷，不可能明心见性。

三、无念、无相和无住

1.慧能认为他所宣扬的法门立无念为宗，无相为体，无住为本。无念是就心而言，无相是就法而言，无住是就心与法而言。归根到底，它们是去妄求真。

2.无相是于相而离相。心能于相而离相，就能保持自性清净。

3.无念是于念而无念。它不是百物不思，而是于境上不生心。

4.无住则是于诸法上念念不住。如《金刚经》所言：应无所住而生其心。

四、真如自性的无与念

真如即自性，自性即真如。

论慧能

1. 自性本空，本无一法可得，无任何妄念。

2. 迷人在境上有念，便起邪见，生起一切尘劳妄想。

3. 无念就是要否定妄念。无者无何事？无者无二相，无诸尘劳之心。念者念何物？念者念真如本性。

4. 真如自性起念。真如自性就是真如之心。心的活动即念。真如之念是正念，亦即无念。只有真如自性起念，眼耳才能发挥功用。人的六根虽有见闻觉知，但不染万境。

5. 能善分别诸法相，于第一义而不动。诸法相是世界万物。善分别诸法相就无我执法执，知道万法自身的共相与殊相。第一义是第一原则、终极真理，也就是佛性、真如、自性。于第一义而不动，就是保持自性，定于自性。一方面，能分别世界万物，另一方面，能保持真如自性不动。

坐禅品第五

师示众云："此门坐禅，元不著心，亦不著净，亦不是不动。若言著心，心原是妄。知心如幻，故无所著也。若言著净，人性本净。由妄念故，盖覆真如，但无妄想，性自清净。起心著净，却生净妄。妄无处所，著者是妄。净无形相，却立净相，言是工夫。作此见者，障自本性，却被净缚。

善知识！若修不动者，但见一切人时，不见人之是非善恶过患，即是自性不动。

善知识！迷人身虽不动，开口便说他人是非长短好恶，与道违背。若著心著净，即障道也。"

师示众云："善知识！何名坐禅？此法门中，无障无碍，外于一切善恶境界，心念不起，名为坐。内见自性不动，名为禅。

善知识！何名禅定？外离相为禅，内不乱为定。外若著相，内心即乱；外若离相，心即不乱。本性自净自定。

民国·冯超然《坐禅图》

论慧能

只为见境，思境即乱。若见诸境心不乱者，是真定也。

善知识！外离相即禅，内不乱即定。外禅内定，是为禅定。《菩萨戒经》云：'我本元自性清净。'

善知识！于念念中，自见本性清净。自修，自行，自成佛道。"

译　文

慧能大师开示大众说："我这个法门所谓的坐禅，原本不执著于心，亦不执著于净，也不是身心不动。假若说执著于心，心原本是虚妄的。人知道了心如虚幻，所以就无所执著了。假若说执著于净，人性本来清净。只是由于妄念的缘故，真如自性被盖覆了，只要没有妄想，本性自然清净。假若人起心执著于净，却会产生关于清净妄想。妄想并无处所，执著就是妄想。清净本无形相，但人们却设立了清净的形相，还说这种执著于清净是修行的工夫。作如此见解的人，障碍了自己的本性，反倒被净相所束缚。

善知识！假若人修不动的话，只是见到一切人时，看不见人的是非善恶过患，这就是自性不动。

善知识！迷人身体虽然不动，但开口便说他人是非长短好恶，这与修道是相违背的。这如同执著于心和执著于净，是障碍修道的。"

慧能大师开示大众说："善知识！什么叫做坐禅？在此法门中，人无障无碍，超出一切善恶境界，心念不起，这称为坐。人内见自性不动，这称为禅。

善知识！什么叫做禅定？人外离法相为禅，内心不乱为定。假若人外在执著于相，内心就会散乱；假若人外在超离了相，内心就会不乱。人本性自己是清净的，自己是安定的。只是因为见到了境相，人思量执著于境相就会散乱。假若人见到一切境相而心不乱的话，这才是真定。

善知识！人外离相就是禅，内不乱就是定。外禅内定，这就是禅定。《菩萨戒经》说：'我本原自性清净。'

善知识！在念念之中，自见自身的本性清净。要自修，要自行，要自成佛道。"

解 析

一、坐禅去蔽

慧能认为要破除种种关于坐禅的遮蔽。坐禅不著心，亦不著净，亦不是不动。

1. 著心。心原是妄。如果执着于心的话，那么就是执着于妄心。故不可执著妄心。

2. 著净。人性本净。如果执着于净的话，那么就会产生净性的妄想。故不可执著净性。

3. 修不动者。迷人身虽不动，但心却动，关键不是身不动，而是心不动。

楷书"禅"

二、何谓坐禅或禅定

1. 一般认为坐禅是坐而修持禅定。但慧能认为坐不仅是身不动，而

77

论慧能

且是心不动。外于一切善恶境界，心念不起，名为坐；内见自性不动，名为禅。

2.禅定是坐禅的另一个名字。慧能认为外离相为禅，内不乱为定。外若著相，内心即乱；外若离相，心即不乱。

三、禅定即明心见性

慧能认为人本性本自清净。因此，人要在一切时间、一切处所，自见本性清净，这样人就可以通过自修，自行，自成佛道。

忏悔品第六

　　时，大师见广、韶洎四方士庶骈集山中听法，于是升座告众曰："来，诸善知识！此事须从自性中起。于一切时，念念自净其心，自修其行，见自己法身，见自心佛，自度自戒，始得不假到此。既从远来，一会于此，皆共有缘。今可各各胡跪，先为传自性五分法身香，次授无相忏悔。"众胡跪。

　　师曰："一戒香。即自心中，无非、无恶、无嫉妒、无贪嗔、无劫害，名戒香。

　　二定香。即睹诸善恶境相，自心不乱，名定香。

　　三慧香。自心无碍，常以智慧观照自性，不造诸恶。虽修众善，心不执著。敬上念下，矜恤孤贫，名慧香。

　　四解脱香。即自心无所攀缘，不思善，不思恶，自在无碍，名解脱香。

　　五解脱知见香。自心既无所攀缘善恶，不可沉空守寂，即须广学多闻，识自本心，达诸佛理，和光接物，无我无人，直至菩提，真性不易，名解脱知见香。

　　善知识！此香各自内薰，莫向外觅。

　　今与汝等授无相忏悔，灭三世罪，令得三业清净。

　　善知识！各随我语，一时道：'弟子等，从前念、今念及后念，念念不被愚迷染。从前所有恶业、愚迷等罪，悉皆忏悔，愿一时消灭，永不复起。

论慧能

弟子等，从前念、今念及后念，念念不被骄诳染。从前所有恶业、骄诳等罪，悉皆忏悔，愿一时消灭，永不复起。

弟子等，从前念、今念及后念，念念不被嫉妒染。从前所有恶业、嫉妒等罪，悉皆忏悔，愿一时消灭，永不复起。'

善知识！以上是为无相忏悔。

云何名忏？云何名悔？忏者，忏其前愆。从前所有恶业、愚迷、骄诳、嫉妒等罪，悉皆尽忏，永不复起，是名为忏。悔者，悔其后过。从今以后，所有恶业、愚迷、骄诳、嫉妒等罪，今已觉悟，悉皆永断，更不复作，是名为悔。故称忏悔。凡夫愚迷，只知忏其前愆，不知悔其后过。以不悔故，前愆不灭，后过又生。前愆既不灭，后过复又生，何名忏悔？

善知识！既忏悔已，与善知识发四弘誓愿。各须用心正听：自心众生无边誓愿度，自心烦恼无边誓愿断，自性法门无尽誓愿学，自性无上佛道誓愿成。

善知识！大家岂不道众生无边誓愿度？怎么道，且不是慧能度。

善知识！心中众生，所谓邪迷心、诳妄心、不善心、嫉妒心、恶毒心，如是等心，尽是众生。各须自性自度，是名真度。

何名自性自度？即自心中邪见、烦恼、愚痴众生，将正见度。既有正见，使般若智打破愚痴迷妄众生，各各自度。邪来正度，迷来悟度，愚来智度，恶来善度。如是度者，名为真度。

又，烦恼无边誓愿断。将自性般若智，除却虚妄思想心是也。又，法门无尽誓愿学。须自见性，常行正法，是名真学。又，无上佛道誓愿成。既常能下心，行于真正，离迷离觉，常生般若。除真除妄，即见佛性，即言下佛道成。常念修行，是愿力法。

善知识！今发四弘愿了，更与善知识授无相三归依戒。

善知识！归依觉，两足尊。归依正，离欲尊。归依净，众中尊。

从今日起，称觉为师，更不归依邪魔外道，以自性三宝常自证明。劝善知识归依自性三宝。佛者，觉也。法者，正也。僧者，净也。自心归依觉，邪迷不生，少欲知足，能离财色，名两足尊。自心归依正，念念无邪见，以无邪见故，即无人我、贡高、贪爱、执著，名离欲尊。自心归依净，一切尘劳、爱欲境界，自性皆不染著，名众中尊。

若修此行，是自归依。凡夫不会，从日至夜受三归戒。若言归依佛，佛在何处？若不见佛，凭何所归？言却成妄。

善知识！各自观察，莫错用心。经文分明言自归依佛，不言归依他佛。自佛不归，无所依处。今既自悟，各须归依自心三宝。内调心性，外敬他人，是自归依也。

善知识！既归依自三宝竟，各各志心，吾与说一体三身自性佛，令汝等见三身，了然自悟自性。总随我道：于自色身归依清净法身佛；于自色身归依圆满报身佛；于自色身归依千百亿化身佛。

善知识！色身是舍宅，不可言归。向者三身法，在自性中，世人总有。为自心迷，不见内性，外觅三身如来，不见自身中有三身佛。汝等听说，令汝等于自身中见自性有三身佛。此三身佛从自性生，不从外得。

何名清净法身佛？世人性本清净，万法从自性生。思量一切恶事，即生恶行。思量一切善事，即生善行。如是诸法在自性中，如天常清，日月常明，为浮云盖覆，上明下暗。忽遇风吹云散，上下俱明，万象皆现。世人性常浮游，如彼天云。

善知识！智如日，慧如月，智慧常明。于外著境，被妄念浮云盖覆自性，不得明朗。若遇善知识，闻真正法，自除迷妄，内外明澈，于自性中万法皆现。见性之人，亦复如是。此名清净法身佛。

善知识！自心归依自性，是归依真佛。自归依者，除却自性中不善心、嫉妒心、谄曲心、吾我心、诳妄心、轻人心、慢他心、邪见心、贡高心及一切时中不善之行。常自见己过，不说他人好恶，是自归依。常须下心，普行恭敬，即是见性通达，更无滞碍，是自归依。

论慧能

何名圆满报身？譬如一灯能除千年暗，一智能灭万年愚。莫思向前，已过不可得。常思于后，念念圆明，自见本性。善恶虽殊，本性无二。无二之性，名为实性。于实性中，不染善恶，此名圆满报身佛。自性起一念恶，灭万劫善因；自性起一念善，得恒沙恶尽。直至无上菩提，念念自见，不失本念，名为报身。

何名千百亿化身？若不思万法，性本如空。一念思量，名为变化。思量恶事，化为地狱。思念善事，化为天堂。毒害化为龙蛇，慈悲化为菩萨；智慧化为上界，愚痴化为下方。自性变化甚多，迷人不能省觉，念念起恶，常行恶道。回一念善，智慧即生。此名自性化身佛。

善知识！法身本具，念念自性自见，即是报身佛。从报身思量，即是化身佛。自悟、自修自性功德，是真归依。皮肉是色身，色身是宅舍，不言归依也。但悟自性三身，即识自性佛。

吾有一《无相颂》，若能诵持，言下令汝积劫迷罪，一时消灭。颂曰：

迷人修福不修道，只言修福便是道。

布施供养福无边，心中三恶元来造。

拟将修福欲灭罪，后世得福罪还在。

但向心中除罪缘，各自性中真忏悔。

忽悟大乘真忏悔，除邪行正即无罪。

学道常于自性观，即与诸佛同一类。

吾祖唯传此顿法，普愿见性同一体。

若欲当来觅法身，离诸法相心中洗。

努力自见莫悠悠，后念忽绝一世休。

若悟大乘得见性，虔恭合掌至心求。"

师言："善知识！总须诵取，依此修行，言下见性。虽去吾千里，如常在吾边。于此言下不悟，即对面千里，何勤远来？珍重，好去！"一众闻法，靡不开悟，欢喜奉行。

译 文

当时，慧能大师见广州、韶州以及四方的学士、庶民，都聚集在山中听法，于是升上法座，告诉大众说："来，诸位善知识！此修佛之事必须从自性中做起。在一切时中，人念念都能自净其心，自修其行，见到自己的法身，见到自心的佛性，自己救度，自己持戒，这才不是虚到此来。你们既然都是从远而来，一起聚会在此，皆是共同有缘。现在大家可各自胡跪，我首先为你们传授自性五分法身香，其次传授无相忏悔。"大众都胡跪着。

大师说："第一为戒香。这就是人在自心中，无非、无恶、无嫉妒、无贪嗔、无劫害，此名为戒香。

第二为定香。这就是人看到一切善恶境相，自心不乱，此名为定香。

第三为慧香。这就是人自心无有障碍，常以智慧观照自性，不造一切恶业；虽然人修一切善行，但心不执著所作的善行。尊敬上辈，体念下辈，怜悯孤寡，抚恤贫苦，此名为慧香。

第四为解脱香。这就是人的自心无所攀缘，既不思善，也不思恶，自在无碍，此名为解脱香。

第五为解脱知见香。这就是人的自心既无攀缘善恶，也不可沉陷空虚，死守寂静，而必须广学多闻，认识自本心，通达诸佛理，和光同尘，虚心接物，无有人我之别，直接到达菩提，其间真性没有变易，此名为解脱知见香。

善知识！此自性五分法身香，需要大家各自在自性中内薰，而莫向外寻觅。

现在我为大家传授无相忏悔，消灭过去、现在和未来的三世罪业，使身语意三业得到清净。

论慧能

善知识！请大家跟随我的话，一起说道：'弟子等，从前念、今念到后念，念念都不被愚迷所污染。从前所有恶业、愚迷等罪业，全部忏悔，愿立刻消灭，永不重新生起。

弟子等，从前念、今念到后念，念念不被骄诳所污染。从前所有恶业、骄诳等罪，全部忏悔，愿立刻消灭，永不重新生起。

弟子等，从前念、今念到后念，念念不被嫉妒所污染。从前所有恶业、嫉妒等罪，全部忏悔，愿立刻消灭，永不重新生起。'

善知识！以上就是无相忏悔。

什么叫做忏？什么叫做悔？所谓忏，就是坦白承认以前已犯的罪过。从前所有恶业、愚迷、骄诳、嫉妒等罪，全部坦白承认，永不重新生起，这就是忏。所谓悔，就是悔恨改正以后会犯的过失。从今以后，所有恶业、愚迷、骄诳、嫉妒等罪，今天已经觉悟，全部永远断绝，更不会再作，这就是悔。所以称为忏悔。凡夫俗子心中愚迷，只知道坦白承认以前已犯的罪过，不知悔恨改正以后会犯的过失。因为不知悔改的缘故，所以人以前的罪过没灭，后来的过错又生。以前的罪过没灭，后来又生重复的过错，这哪里叫忏悔呢？

善知识！忏悔已完，现在和你们善知识发四弘誓愿。大家各须用心正听：自心众生无边誓愿度，自心烦恼无边誓愿断，自性法门无尽誓愿学，自性无上佛道誓愿成。

善知识！大家岂不是说众生无边誓愿度吗？如果这么说的话，那么就不是我慧能来度。

善知识！心中众生就是所谓的邪迷心、诳妄心、不善心、嫉妒心、恶毒心。如是种种心都是众生。大家各须自性自度，这才是真度。

什么叫自性自度？这就是对于自心中的邪见、烦恼、愚痴等众生，用正见来度。既然有了正见，人就能够使般若智慧打破愚痴迷妄众生，可以各各自度。邪见来了正见度，迷误来了觉悟度，愚痴来了智慧度，恶毒来了善良度。如这样来度心中众生，才叫做真度。

另外，所谓烦恼无边誓愿断，就是人将自性般若智慧来除却虚妄思想心。另外，所谓法门无尽誓愿学，就是人必须自见本性，常行正法，这就叫做真学。另外，所谓无上佛道誓愿成，就是人已常能谦下内心，行于真正的佛法，既离开执迷不悟，也离开执著觉悟，常生般若智慧。既除去真执，也除去妄执，就能见到佛性，也就能在一言启发之下成就佛道。人常念修行的四宏愿，是一种愿力法。

善知识！现在已经发四弘愿了，我还要给善知识传授无相三归依戒。

善知识！归依了觉悟，就是福报和智慧两者具足的至尊。归依了正道，就是远离贪欲的至尊。归依了清净，就是众中敬重的至尊。

从今日起，大家要称觉悟为本师，再也不要归依那些邪魔外道，大家要以自性佛法僧三宝来常自证明自己的修行。我奉劝各位善知识，你们要归依自性三宝。所谓佛者，就是觉悟。所谓法，就是正道。所谓僧，就是清净。人的自心归依了觉悟，就会邪迷不生，少欲知足，能离财色，这就叫着福报与智慧的两足尊。人的自心归依了正道，念念都无邪见。因为没有邪见的缘故，人也就无人我、贡高、贪爱、执著，这就叫做离欲尊。人的自心归依了清净，对于一切尘劳爱欲境界，自性皆不染著，这就叫做众中尊。

假若修此行，人就是自归依。凡夫不懂此道理，只是从日至夜接受仪式上的三归依戒。假若说归依佛，那么佛在何处？假若不见佛，那么凭何所归？这样的说法却成为了虚妄。

善知识！你们要各自观察自己，莫错用了心。佛教的经文明确说自归依佛，没有说归依他佛。人自己的佛不归依，就无所归依的处所。

现在大家既然自己觉悟了，就各须归依自心三宝。你们在内要调节自己的心性，在外要敬重他人，这就是自归依。

善知识！你们既然归依了自心三宝，就要各自专心谛听，我为你们说

论慧能

一体三身自性佛，让你们能够见到三身，明了自己觉悟自己的本性。请大家一起随我说：'在自己的色身中归依清净法身佛；在自己的色身中归依圆满报身佛；在自己的色身中归依千百亿化身佛。'

善知识！因为人的色身如同是人的住宅一般，所以不可说是归依的处所。刚才所说的法身、化身和报身三身，就在人的自性之中，世上所有的人都具有。只是因为自心迷误，人看不见自己内在的本性，而向外寻觅三身如来，却看不见自身中就有三身佛。你们听我说法，让你们在自身中看见自性就有三身佛。此三身佛是从自性中生成的，不是从外在得到的。

什么叫做清净法身佛？世上的人们自性本来清净，一切万法都是从自性中生成的。假使人思量一切恶事，就会生成恶行。假使人思量一切善事，就会生成善行。这些善恶诸法都存在于自性中。自性如天常清，日月常明，只是被浮云盖覆，而形成上明下暗的天象。忽然遇到风吹云散，天上天下就会全部透明，万象皆会显现。世上之人的心性经常浮游变化，如同那天上的浮云一样。

善知识！智如同太阳，慧如同月亮，人的智慧永远光明。人只是在外执著境相，被妄念浮云盖覆了自性，因此不得明朗。假若人遇到善知识，听闻到真正的佛法，就会自除迷妄，内外明澈，在自性中，万法皆会呈现。那些见性的人也就是如此。这叫做清净法身佛。

善知识！自心归依自己的本性，是归依真正的佛。那些自归依的人，除却了自性中不善心、嫉妒心、诌曲心、吾我心、诳妄心、轻人心、慢他心、邪见心、贡高心及一切时中的不善之行。人常自见己的过错，不说他人的好恶，这才是自归依。人常须谦下其心，普遍对人行为恭敬，就是见性通达，没有滞碍，这是自归依。

什么叫做圆满报身？譬如一灯光能消除千年的黑暗，一智慧能消灭万年的愚蠢。人不要思念从前，已经过去的事情不可得。人要常思考后来的事情，念念圆满透明，自见自己的本性。善恶虽然殊异，但其本性无二。

无二之性就是实性。在实性中，人不染善恶诸法，这就叫圆满报身佛。假若自性生起一念恶，就会消灭万劫善因；假若自性生起一念善，就会除尽恒沙恶行。人直至无上菩提，念念之间自见本性，不失本念，这就叫做报身。

什么叫做千百亿化身？假若人不思量万法，自性本如虚空。人的一念思量万法，就叫做变化。假若人思量恶事，自心就会化为地狱。假若人思念善事，自心就会化为天堂。自心的毒害化为龙蛇，自心的慈悲化为菩萨；智慧化为上界诸天的境界，愚痴化为下方三道的境界。自性变化很多，迷人不能省觉自己，念念生起恶心，常常行走恶道之中。只要人回转而一念善心，智慧就会生成。这叫做自性化身佛。

善知识！每人本具法身，在念念之间自性自见，就是报身佛。人从报身而思量万法，就是化身佛。人自悟自修，获得自性功德，才是真归依。人的皮肉是色身，色身如同是住宅，不可说是归依之处。人只要觉悟自性三身，就认识了自性佛。

我有一《无相颂》，假若你们能够诵持，就会让你们累劫所积的迷误之罪即刻消灭。"偈颂说：

"迷人修福不修道，只言修福便是道。

布施供养福无边，心中三恶元来造。

拟将修福欲灭罪，后世得福罪还在。

但向心中除罪缘，各自性中真忏悔。

忽悟大乘真忏悔，除邪行正即无罪。

学道常于自性观，即与诸佛同一类。

吾祖唯传此顿法，普愿见性同一体。

若欲当来觅法身，离诸法相心中洗。

努力自见莫悠悠，后念忽绝一世休。

若悟大乘得见性，虔恭合掌至心求。"

论慧能

慧能大师说："善知识！大家都须诵取这首《无相颂》，并依此修行。你们在此言启发之下就能见性的，虽离我千里，但也如常在我边。你们在此言启发之下不悟的，即使我们对面，也如同相隔千里，何必勤劳远来呢？你们各自珍重，好去！"

大众听闻了慧能大师的所说的佛法，没有不开悟的，内心欢喜，信奉修行。

解　析

一、修行原则

1.此事。这是一大事，也就是成佛。

2.明心见性。慧能认为成佛就是明心见性，因此，此事须从自性中起。

3.如何修行。慧能认为，修行的基本原则就是时时处处保持清净心。

二、传香

香为供养诸佛。此处所言之香为喻相，即指以智慧火所烧之香供养诸佛。佛教一般有五分法身，亦即戒、定、慧、解脱、解脱知见，以此五种功德法而成就佛身。慧能在此就是向大众宣讲五分法身的佛法。

1.戒香。一般的戒为戒律，去恶行善。但慧能认为，戒在根本上是自心中无非、无恶、无嫉妒、无贪嗔、无劫害。

2.定香。一般的定是禅定。但慧能认为，定在根本上是自心不为诸善恶境相所乱，而定于自身。

3.慧香。一般的慧是般若，亦即实相、观照和文字般若。但慧能认为，慧是自心无碍。

4.解脱香。一般的解脱是人解脱生死轮回的烦恼。但慧能认为，解脱是自心无所攀缘，自由自在。

5.解脱知见香。一般的解脱知见是佛的智慧。但慧能认为，解脱知见是自心既无所攀缘善恶，也不沉空守寂，而是广学多闻，达诸佛理。

此五种香不是物香，而是心香，故不可外熏，而要内熏。

三、无相忏悔

1.忏悔愚迷罪业。愚迷是愚蠢、迷惑，亦即不明真相。

2.忏悔骄诳罪业。骄诳是骄傲、欺骗，源于贪婪。

3.忏悔嫉妒罪业。嫉妒是害贤、相忌，亦即嗔恨。

4.何谓忏悔。忏是忏摩，清除以前所犯的罪业。悔是悔过，保证以后不再犯以前所犯的罪业。迷人只知道清除以前所犯的罪业，而不保证以后不犯以前所犯的罪业。因此，他们前罪没灭，后罪又起。慧能要求人们真正地忏悔。

四、四宏誓愿

1.一般的四弘誓愿为：众生无边誓愿度，烦恼无边誓愿断，法门无尽誓愿学，无上佛道誓愿成。但慧能认为，所谓众生、烦恼是自心的众生和烦恼；所谓法门和佛道是自性的法门和佛道。

2.自心众生无边誓愿度。心中众生就是邪迷心、诳妄心、不善心、嫉妒心、恶毒心。自心自度就是般若智慧打破愚痴迷妄众生。邪来正度，迷来悟度，愚来智度，恶来善度。

3.自心烦恼无边誓愿断。自性般若智慧除却虚妄心念。

4.自性法门无尽誓愿学。明心见性，常行正法。

5.自性无上佛道誓愿成。心生般若，除真除妄，即见佛性，亦即顿悟成佛。

五、归依三宝

1.三皈依。这就是归依佛法僧三宝。但慧能认为佛法僧不是外在的，而是内在的，亦即自性三宝。因此，所谓归依是归依自性三宝。

2.佛。佛就是觉悟。自心归依觉悟，邪迷不生。因此福慧具足，称为两足尊。

3.法。法就是正见。自心归依正见，无有邪见。因此无贪爱执著，称为离欲尊。

4.僧。僧就是清净。自心归依清净，不染尘劳。因此三业清净，称为众中尊。

5.自归依。迷人归依他处，智者归依自心。

六、一体三身自性佛

1.三身佛。佛有三身。一般分为法身、报身和化身。

2.自性三身。慧能强调，人不要归依外在三身佛，而是要归依内在三身佛。于自性中归依清净法身佛；于自性中归依圆满报身佛；于自性中归依千百亿化身佛。

3.清净法身佛。慧能认为，清净法身佛就是人的自性。

第一，世人性本清净，没有污染。它如天常清，日月常明。

第二，自性迷惑。它如日月为浮云盖覆，上明下暗。

第三，明心见性。它如日月遇风吹云散，上下俱明，万象皆现。

自心归依是归依自性，这是真正归依清净法身佛。

4.圆满报身佛。慧能认为，圆满报身佛就是于实性中不染善恶。

5.千百亿化身佛。慧能认为，念念自性自见就是报身佛。若不思万法，性本如空。一念思量，名为变化。

七、无相颂之一

迷人修福不修道，只言修福便是道。

布施供养福无边，心中三恶元来造。

1.迷人修福不修道，只言修福便是道。修福主要是修善业，以求获得福报。修道是修心性，以求明心见性。修福和修道是两种不同的事情，但迷人错把修福当成了修道，而遗忘了修道。

2.布施供养福无边，心中三恶元来造。布施供养虽然也属于大乘的六度之一，但它只是修善业。当人希求福报的时候，他心中还怀有贪嗔痴三恶。

清·金农《佛像》

论慧能

八、无相颂之二

拟将修福欲灭罪，后世得福罪还在。

但向心中除罪缘，各自性中真忏悔。

1.拟将修福欲灭罪，后世得福罪还在。修福无法消灭自己贪嗔痴。即使人通过修福获得了福报，但人依然还有罪恶。

2.但向心中除罪缘，各自性中真忏悔。人要在心中除去贪嗔痴三毒，在自性中进行真正地忏悔。

九、无相颂之三

忽悟大乘真忏悔，除邪行正即无罪。

学道常于自性观，即与诸佛同一类。

1.忽悟大乘真忏悔，除邪行正即无罪。人真正地忏悔，除邪行正，去恶行善，就能除去罪业。

2.学道常于自性观，即与诸佛同一类。人学道常常能够达到明心见性，就顿悟成佛，等同诸佛了。这在于佛就是明心见性的觉悟者。

十、无相颂之四

吾祖唯传此顿法，普愿见性同一体。

若欲当来觅法身，离诸法相心中洗。

1.吾祖唯传此顿法，普愿见性同一体。禅宗祖师只是传授这一顿悟成佛的法门，但愿大众能明心见性，与诸佛同属于一体。

2.若欲当来觅法身，离诸法相心中洗。法身是佛的真身，亦即佛的本性，或法性。法相是世界万法的现象。人们要寻觅佛的本性的话，就要在超离万法的诸相，而回到自心，去妄求真。

十一、无相颂之五

努力自见莫悠悠，后念忽绝一世休。

若悟大乘得见性，虔恭合掌至心求。

1.努力自见莫悠悠，后念忽绝一世休。人要精进勤修，自见本性，不可荒废时光。前念今念已过去，后念忽然断绝，此生就休矣。

2.若悟大乘得见性，虔恭合掌至心求。假若人要修行大乘法门获得见性，就要身心端正纯一，到自心中去寻找。

机缘品第七

　　师自黄梅得法，回至韶州曹侯村，人无知者。时有儒士刘志略，礼遇甚厚。志略有姑为尼，名无尽藏，常诵《大涅槃经》。师暂听，即知妙义，遂为解说。尼乃执卷问字。

敦煌写经《大涅槃经》

师曰："字即不识，义即请问。"

尼曰："字尚不识，焉能会义？"

师曰："诸佛妙理，非关文字。"

尼惊异之，遍告里中耆德云："此是有道之士，宜请供养。"有魏武侯玄孙曹叔良及居民，竞来瞻礼。时宝林古寺自隋末兵火已废。遂于故基重建梵宇，延师居之。俄成宝坊。

师住九月余日，又为恶党寻逐。师乃遁于前山，被其纵火焚草木。师隐身挨入石中得免。石今有师趺坐膝痕及衣布之纹，因名避难石。师忆五祖怀会止藏之嘱，遂行隐于二邑焉。

僧法海，韶州曲江人也。初参祖师，问曰："即心即佛，愿垂指谕。"

师曰："前念不生即心，后念不灭即佛。成一切相即心，离一切相即佛。吾若具说，穷劫不尽，听吾偈曰：

即心名慧，即佛乃定。

定慧等持，意中清净。

悟此法门，由汝习性。

用本无生，双修是正。"

法海言下大悟，以偈赞曰：

"即心元是佛，不悟而自屈。

我知定慧因，双修离诸物。"

僧法达，洪州人。七岁出家，常诵《法华经》。来礼祖师，头不至地。

师诃曰："礼不投地，何如不礼。汝心中必有一物，蕴习何事耶？"

曰："念《法华经》已及三千部。"

师曰："汝若念至万部，得其经意，不以为胜，则与吾偕行。汝今负此事业，都不知过。听吾偈曰：

礼本折慢幢，头奚不至地。

有我罪即生，忘功福无比。"

论慧能

师又曰:"汝名什么?"

曰:"法达。"

师曰:"汝名法达,何曾达法?"复说偈曰:

"汝今名法达,勤诵未休歇。

空诵但循声,明心号菩萨。

汝今有缘故,吾今为汝说,

但信佛无言,莲花从口发。"

达闻偈,悔谢曰:"而今而后,当谦恭一切。弟子诵《法华经》,未解经义,心常有疑。和尚智慧广大,愿略说经中义理。"

师曰:"法达,法即甚达,汝心不达。经本无疑,汝心自疑。汝念此经,以何为宗?"

唐人《法华经》(局部)

达曰:"学人根性暗钝,从来但依文诵念,岂知宗趣?"

师曰:"吾不识文字,汝试取经诵一遍,吾当为汝解说。"

法达即高声念经,至《譬喻品》,师曰:"止!此经元来以因缘出世为宗。纵说多种譬喻,亦无越于此。何者因缘?经云:'诸佛世尊,唯以一大事因缘故,出现于世。'一大事者,佛之知见也。

世人外迷著相,内迷著空。若能于相离相,于空离空,即是内外不迷。若悟此法,一念心开,是为开佛知见。

佛犹觉也，分为四门：开觉知见，示觉知见，悟觉知见，入觉知见。若闻开示，便能悟入，即觉知见，本来真性而得出现。

汝慎勿错解经意，见他道开示悟入，自是佛之知见，我辈无分。若作此解，乃是谤经毁佛也。彼既是佛，已具知见，何用更开？汝今当信，佛知见者，只汝自心，更无别佛。盖为一切众生，自蔽光明，贪爱尘境，外缘内扰，甘受驱驰。便劳他世尊，从三昧起，种种苦口，劝令寝息，莫向外求，与佛无二。故云开佛知见。

吾亦劝一切人，于自心中，常开佛之知见。世人心邪，愚迷造罪。口善心恶，贪嗔、嫉妒、谄佞、我慢，侵人害物，自开众生知见。若能正心，常生智慧，观照自心，止恶行善，是自开佛之知见。

汝须念念开佛知见，勿开众生知见。开佛知见，即是出世；开众生知见，即是世间。汝若但劳劳执念，以为功课者，何异牦牛爱尾？"

达曰："若然者，但得解义，不劳诵经耶？"

师曰："经有何过，岂障汝念？只为迷悟在人，损益由己。口诵心行，即是转经；口诵心不行，即是被经转。听吾偈曰：

心迷《法华》转，心悟转《法华》。

诵经久不明，与义作仇家。

无念念即正，有念念成邪。

有无俱不计，长御白牛车。"

达闻偈，不觉悲泣。言下大悟，而告师曰："法达从昔已来，实未曾转《法华》，乃被《法华》转。再启曰：经云：'诸大声闻乃至菩萨，皆尽思共度量，不能测佛智。'今令凡夫但悟自心，便名佛之知见，自非上根，未免疑谤。又经说三车，羊鹿之车与白牛之车，如何区别？愿和尚再垂开示。"

师曰："经意分明，汝自迷背。诸三乘人，不能测佛智者，患在度量也。饶伊尽思共推，转加悬远。佛本为凡夫说，不为佛说。此理若不肯信者，从他退席。殊不知坐却白牛车，更于门外觅三车。况经文明向汝道，

论慧能

'唯一佛乘，无有余乘，若二，若三。'乃至无数方便，种种因缘，譬喻言词，是法皆为一佛乘故。汝何不省？三车是假，为昔时故。一乘是实，为今时故。只教汝去假归实，归实之后，实亦无名。应知所有珍财，尽属于汝，由汝受用。更不作父想，亦不作子想，亦无用想，是名持《法华经》。从劫至劫，手不释卷，从昼至夜，无不念时也。"

达蒙启发，踊跃欢喜，以偈赞曰：

"经诵三千部，曹溪一句亡。

未明出世旨，宁歇累生狂。

羊鹿牛权设，初中后善扬。

谁知火宅内，元是法中王。"

师曰："汝今后方可名念经僧也。"达从此领玄旨，亦不辍诵经。

僧智通，寿州安丰人。初看《楞伽经》，约千余遍，而不会三身四智。礼师求解其义。

师曰："三身者，清净法身，汝之性也。圆满报身，汝之智也。千百亿化身，汝之行也。若离本性，别说三身，即名有身无智。若悟三身无有自性，即名四智菩提。听吾偈曰：

自性具三身，发明成四智。

不离见闻缘，超然登佛地。

吾今为汝说，谛信永无迷。

莫学驰求者，终日说菩提。"

通再启曰："四智之义，可得闻乎？"

师曰："既会三身，便明四智。何更问耶？若离三身，别谈四智，此名有智无身。即此有智，还成无智。"复说偈曰：

"大圆镜智性清净，平等性智心无病。

妙观察智见非功，成所作智同圆镜。

五八六七果因转，但用名言无实性。

若于转处不留情，繁兴永处那伽定。"

通顿悟性智，遂呈偈曰：

"三身元我体，四智本心明。

身智融无碍，应物任随形。

起修皆妄动，守住匪真精。

妙旨因师晓，终亡染污名。"

僧智常，信州贵溪人。髫年出家，志求见性。一日参礼。

师问曰："汝从何来？欲求何事？"

曰："学人近往洪州白峰山礼大通和尚，蒙示见性成佛之义。未决狐疑，远来投礼，伏望和尚慈悲指示。"

师曰："彼有何言句，汝试举看。"

曰："智常到彼，凡经三月，未蒙示诲。为法切故，一夕独入丈室，请问：'如何是某甲本心本性？'

大通乃曰：'汝见虚空否？'

对曰：'见。'

彼曰：'汝见虚空有相貌否？'

对曰：'虚空无形，有何相貌。'

彼曰：'汝之本性，犹如虚空，了无一物可见，是名正见。无一物可知，是名真知。无有青黄长短，但见本源清净，觉体圆明，即名见性成佛，亦名如来知见。'

学人虽闻此说，犹未决了，乞和尚开示。"

师曰："彼师所说，犹存见知，故令汝未了。吾今示汝一偈：

不见一法存无见，大似浮云遮日面。

不知一法守空知，还如太虚生闪电。

此之知见瞥然兴，错认何曾解方便。

汝当一念自知非，自己灵光常显现。"

论慧能

常闻偈已，心意豁然。乃述偈曰：

"无端起知见，著相求菩提。

情存一念悟，宁越昔时迷。

自性觉源体，随照枉迁流。

不入祖师室，茫然趣两头。"

智常一日问师曰："佛说三乘法，又言最上乘。弟子未解，愿为教授。"

师曰："汝观自本心，莫著外法相。法无四乘，人心自有等差。见闻转诵是小乘，悟法解义是中乘，依法修行是大乘。万法尽通，万法俱备，一切不染，离诸法相，一无所得，名最上乘。乘是行义，不在口争。汝须自修，莫问吾也。一切时中，自性自如。"

常礼谢执侍，终师之世。

僧志道，广州南海人也。请益曰："学人自出家，览《涅槃经》十载有余，未明大意。愿和尚垂诲。"

师曰："汝何处未明？"

曰："诸行无常，是生灭法。生灭灭已，寂灭为乐。于此疑惑。"

师曰："汝作么生疑？"

曰："一切众生皆有二身，谓色身、法身也。色身无常，有生有灭。法身有常，无知无觉。经云：'生灭灭已，寂灭为乐'者，不审何身寂灭？何身受乐？若色身者，色身灭时，四大分散，全然是苦。苦不可言乐。若法身寂灭，即同草木瓦石，谁当受乐？又法性是生灭之体，五蕴是生灭之用。一体五用。生灭是常。生则从体起用，灭则摄用归体。若听更生，即有情之类，不断不灭。若不听更生，则永归寂灭，同于无情之物。如是，则一切诸法被涅槃之所禁伏，尚不得生，何乐之有？"

师曰："汝是释子，何习外道断常邪见，而议最上乘法？据汝所说，即色身外别有法身，离生灭求于寂灭；又推涅槃常乐，言有身受用。斯乃执吝生死，耽著世乐。汝今当知，佛为一切迷人认五蕴和合为自体相，分别一切法为外尘相。好生恶死，念念迁流，不知梦幻虚假，枉受轮回，以常乐涅槃，翻为苦相，终日驰求。佛愍此故，乃示涅槃真乐，刹那无有生相，刹那无有灭相，更无生灭可灭，是则寂灭现前。当现前时，亦无现前之量，乃谓常乐。此乐无有受者，亦无不受者，岂有一体五用之名？何况更言涅槃禁伏诸法，令永不生。斯乃谤佛毁法。听吾偈曰：

无上大涅槃，圆明常寂照。

凡愚谓之死，外道执为断。

诸求二乘人，自以为无作。

尽属情所计，六十二见本。

妄立虚假名，何为真实义。

惟有过量人。通达无取舍。

以知五蕴法，及以蕴中我。

外现众色像，一一音声相。

平等如梦幻，不起凡圣见。

不作涅槃解，二边三际断。

常应诸根用，而不起用想。

分别一切法，不起分别想。

劫火烧海底，风鼓山相击。

真常寂灭乐，涅槃相如是。

吾今强言说，令汝舍邪见。

汝勿随言解，许汝知少分。"

志道闻偈大悟，踊跃作礼而退。

行思禅师，生吉州安城刘氏。闻曹溪法席盛化，径来参礼。遂问曰："当何所务，即不落阶级？"

师曰："汝曾作什么来？"

曰："圣谛亦不为。"

论慧能

师曰:"落何阶级?"

曰:"圣谛尚不为,何阶级之有?"

师深器之,令思首众。一日,师谓曰:"汝当分化一方,无令断绝。"

思既得法,遂回吉州青原山,弘法绍化。谥号弘济禅师。

怀让禅师,金州杜氏子也。初谒嵩山安国师,安发之曹溪参叩。让至礼拜。

师曰:"甚处来?"

曰:"嵩山。"

师曰:"什么物,怎么来?"

曰:"说似一物即不中。"

师曰:"还可修证否?"

曰:"修证即不无,污染即不得。"

师曰:"只此不污染,诸佛之所护念。汝即如是,吾亦如是。西天般若多罗识汝足下出一马驹踏杀天下人,应在汝心,不须速说。"

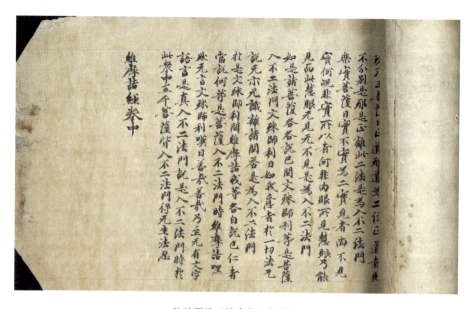

敦煌写经《维摩经》(局部)

让豁然契会。遂执侍左右一十五载，日臻玄奥。后往南岳，大阐禅宗，敕谥大慧禅师。

永嘉玄觉禅师，温州戴氏子。少习经论，精天台止观法门，因看《维摩经》，发明心地。偶师弟子玄策相访，与其剧谈。出言暗合诸祖。

策云：'仁者得法师谁?'

曰："我听方等经论，各有师承。后于《维摩经》悟佛心宗，未有证明者。"

策云："威音王已前即得，威音王已后，无师自悟，尽是天然外道。"

曰："愿仁者为我证据。"

策云："我言轻。曹溪有六祖大师，四方云集，并是受法者。若去，则与偕行。"

觉遂同策来参。绕师三匝，振锡而立。

师曰："夫沙门者，具三千威仪，八万细行。大德自何方而来，生大我慢?"

觉曰："生死事大，无常迅速。"

师曰："何不体取无生，了无速乎?"

曰："体即无生，了本无速。"

师曰："如是如是!"

玄觉方具威仪礼拜。须臾告辞。

师曰："返太速乎?"

曰："本自非动，岂有速耶?"

师曰："谁知非动?"

曰："仁者自生分别。"

师曰："汝甚得无生之意。"

曰："无生岂有意耶?"

师曰："无意谁当分别?"

103

论慧能

曰："分别亦非意。"

师曰："善哉！少留一宿。"

时谓一宿觉，后著《证道歌》盛行于世。谥曰无相大师。时称为真觉焉。

禅者智隍，初参五祖，自谓已得正受。庵居长坐，积二十年。

师弟子玄策，游方至河朔，闻隍之名，造庵问云："汝在此作什么？"

隍曰："入定。"

策云："汝云入定，为有心入耶？无心入耶？若无心入者，一切无情草木瓦石，应合得定。若有心入者，一切有情含识之流，亦应得定。"

隍曰："我正入定时，不见有有、无之心。"

策云："不见有有、无之心，即是常定。何有出入？若有出入，即非大定。"

隍无对。良久，问曰："师嗣谁耶？"

策云："我师曹溪六祖。"

隍云："六祖以何为禅定？"

策云："我师所说：'妙湛圆寂，体用如如。五阴本空，六尘非有，不出不入，不定不乱。禅性无住，离住禅寂。禅性无生，离生禅想。心如虚空，亦无虚空之量。'"

隍闻是说，径来谒师。

师问云："仁者何来？"

隍具述前缘。

师云："诚如所言，汝但心如虚空，不著空见，应用无碍，动静无心，凡圣情忘，能所具泯，性相如如，无不定时也。"

隍于是大悟，二十年所得心，都无影响。其夜河北士庶闻空中有声云："隍禅师今日得道。"隍后礼辞，复归河北，开化四众。

一僧问师云："黄梅意旨，甚么人得？"

104

师云："会佛法人得。"

僧云："和尚还得否？"

师云："我不会佛法。"

师一日欲濯所授之衣，而无美泉。因至寺后五里许，见山林郁茂，瑞气盘旋。师振锡卓地，泉应手而出，积以为池。乃跪膝浣衣石上。忽有一僧来礼拜，云："方辩，是西蜀人。昨于南天竺国，见达摩大师，嘱方辩速往唐土：'吾传大迦叶正法眼藏，及僧伽梨，见传六代，于韶州曹溪，汝去瞻礼。'方辩远来，愿见我师传来衣钵。"

师乃出示。次问："上人攻何事业？"

曰："善塑。"

师正色曰："汝试塑看。"

辩罔措。过数日，塑就真相，可高七寸，曲尽其妙。

师笑曰："汝只解塑性，不解佛性。"师舒手摩方辩顶，曰："永为人天福田。"

师仍以衣酬之。辩取衣分为三：一披塑像，一自留，一用棕裹瘗地中。誓曰："后得此衣，乃吾出世，住持于此，重建殿宇。"

有僧举卧轮禅师偈云：

"卧轮有伎俩，能断百思想。

对境心不起，菩提日日长。"

师闻之，曰："此偈未明心地。若依而行之，是加系缚。"因示一偈曰：

"慧能没伎俩，不断百思想。

对境心数起，菩提作么长。"

论慧能

译　文

　　慧能大师自从黄梅五祖弘忍那里获得衣钵佛法以后，回到了韶州曹侯村，那时人们并不知道此事情。当时有位儒士叫做刘志略，对于慧能大师礼遇甚厚。刘志略有位姑姑是比丘尼，法名无尽藏，经常诵读《大涅槃经》。大师稍微听闻经文，就知道其中妙义，便为无尽藏解说经义。比丘

明《法海寺·普贤菩萨》

尼无尽藏于是执拿经卷问慧能大师经中的字义。

大师说:"文字我是不认识的,义理方面可请问我。"

比丘尼说:"文字尚且不认识,怎能理会经文的意义?"

大师说:"一切佛法的妙理,并非只是相关文字。"

比丘尼非常惊异大师所说的话,遍告乡里中的耆宿大德说:"他是一位有道之士,应当请来供养。"

有魏武侯玄孙曹叔良和乡里的居民,竞相前来瞻礼大师。当时宝林古寺,自隋末遭遇兵火已经荒废。乡人于是在古寺旧有的基础上,重建庙宇,延请大师居寺住持。不久,宝林寺就成为了一座宝刹。

大师在寺庙住了九个多月,又被恶党寻找追逐。大师于是隐遁在寺庙的前山,但前山又被恶党纵火焚烧草木。大师隐身挨入石中,才得以免除生命的危险。石上现在还有大师跏趺而坐所留下的膝盖的印痕及衣布的纹迹,因此叫做避难石。大师回忆起五祖"逢怀则止,逢会则藏"的嘱咐,于是行隐于怀集和四会两地。

僧人法海,韶州曲江人。他初次参拜六祖时问道:"即心即佛是什么意思,希望您垂示指谕。"

大师说:"前念不再生起即是心,后念不再断灭即是佛。能生成一切相的即是心,能超离一切相的即是佛。我假若具体地解说其意义,穷劫也说不尽,听我的偈颂说:

即心名慧,即佛乃定。

定慧等持,意中清净。

悟此法门,由汝习性。

用本无生,双修是正。"

法海一言启发之下即刻大悟,用一首偈颂赞叹道:

"即心元是佛,不悟而自屈。

我知定慧因,双修离诸物。"

论慧能

僧人法达，洪州人。他七岁出家，常诵《法华经》。他来礼拜六祖，但行礼时头不至地。

大师呵斥道："行顶头礼而头不投地，不如不行顶头礼。你心中必定装有一物，你平时修习什么事情呢？"

法达说："我念诵《法华经》已达三千部了。"

大师说："你假若念至万部，领会了其经意，而不以为有什么了不起，则可与我偕行。你今以诵千部之事而自负，还都不知道自己的过错。听我的偈颂说：

礼本折慢幢，头奚不至地。

有我罪即生，忘功福无比。"

大师又问："你叫什么？"

法达说："法达。"

大师说："你名叫法达，但你何曾通达佛法？"

大师又说一偈颂：

"汝今名法达，勤诵未休歇。

空诵但循声，明心号菩萨。

汝今有缘故，吾今为汝说，

但信佛无言，莲花从口发。"

法达听闻偈颂后，向慧能大师悔恨谢罪说："从今以后，我一定谦恭一切。弟子虽然诵念《法华经》，但未解经文的意义，心中常有疑惑。和尚智慧广大，请您为我略说经中的义理。"

大师说："法达，佛法本是非常通达的，只是你的心里不甚通达。佛经本身并无疑惑，只是你心里自身疑惑。你念的这部经是以何为其宗旨呢？"

法达说："弟子我根性暗钝，从来只是依文诵念，哪里知道它的宗旨呢？"

大师说："我不识文字，你试着取经来诵读一遍，我当为你解说。"

法达当即高声念经，念到《譬喻品》，大师说："停止！此经原来是以佛由何种因缘出世为其宗旨的。它纵然说了多种譬喻，但也没有越过这一宗旨。是什么因缘呢？经文说：'诸佛世尊都只以一大事因缘才出现在世间。'所谓一大事者就是佛的智慧知见。

世上之人在外迷惑执著于法相，在内迷惑执著于心空。假若人能于法相而超离相，于心空而超离空，就是内外均不迷误。假若人悟到此一法门，一念之间而心地洞开，这就是开佛知见。

佛犹如觉悟。佛出现于世分为四个方面：开启觉知见，指示觉知见，证悟觉知见，契入觉知见。假若人听闻开示时，便能悟入，就是觉知见，让人本来具有的真性而得以出现。

你要慎重，不要错解经意，看见经文上说开示悟入，便以为那自是佛之知见，与我辈众人没有缘分。假若作如此的理解，这就是谤经毁佛。他既然是佛，已经具有知见，何用再开佛之知见？你现在应当相信，所谓佛的知见，只是你的自心，此外更无别的佛的知见。因为一切众生，自己遮蔽了心性的光明，贪爱尘世的境相，外有攀缘，内有干扰，甘愿受到尘劳的驱驰。这便烦劳他佛陀世尊，从三昧正定起来而出现于世，以种种苦口良言，劝导大众让他们安息妄想，不要向外寻求，就能与佛一致无二。所以说是开佛知见。

我也劝一切人，在自心中经常开启佛之知见。但世人心邪，愚迷造罪。他们口虽善，但心恶，贪嗔、嫉妒、谄佞、我慢，侵人害物，自开众生的愚蠢知见。假若人能正心，常生智慧，观照自心，止恶行善，就是自开佛之知见。

你必须念念之间开启佛的知见，不要开启众生知见。假若开佛知见，就是出世；假若开众生知见，就是世间。你假若只是辛劳执著念诵《法华经》，以为这就是修行的功课，这何异于犛牛爱惜它的尾巴？"

法达说："如果是这样的话，那么我只要理解经义，而不必诵经了？"

大师说："佛经有何过错，岂能障碍你的念诵？问题只是迷悟在人，

论慧能

损益由己。假若口诵心行，就是转经；假若口诵心不行，就是被经转。听我的偈颂说：

> 心迷法华转，心悟转法华。
>
> 诵经久不明，与义作仇家。
>
> 无念念即正，有念念成邪。
>
> 有无俱不计，长御白牛车。"

法达听闻偈颂后，不禁感动哭泣，一言启发之下即刻大悟，而对大师说："法达从过去以来，确实未曾转法华，而是被法华转。"

法达再对大师说："佛经上说：'诸大声闻乃至菩萨，全部一起度量，也不能揣测佛的智慧。'但大师现在令凡夫只要觉悟自心，便可叫做佛之知见。自非上根智慧之人，未免生疑非议。另外，佛经所说三车，即羊鹿之车与白牛之车，它们如何区别？祈愿和尚再给予开示。"

大师说："经文的意思很明确，你自己迷误而违背了经文的意思。所有三乘人之所以不能测度佛的智慧，是因为他们的症结在在度量。任凭他们穷尽心思一起推测，也只能使他们反而与佛的智慧相距更加遥远。佛本是为凡夫说法，不是为佛说法。假若那些不肯相信此理的人，就任他离席而去。人们殊不知坐在白牛车上，却还在门外寻觅羊、鹿和牛三车。何况经文明确向你说道：'唯有一佛乘，无有余乘，如二乘、三乘。'乃至佛所说的无数方便法门，种种因缘，譬喻言词等，皆是为一佛乘的缘故。你为何不省察这些情况呢？佛所说的三车是假借，是为过去众生说法的缘故。一乘是实相，是为今时大众说法的缘故。佛只教你去假归实，归实之后，实亦无名。你应知道所有珍财，尽属于你，由你受用。你不要再想财宝是父亲所有，也不要想财宝是儿子所有，也不要想在享用财富。这才是真正地持诵《法华经》。假使这样，你才是从劫至劫，手不释卷，从昼至夜，无不念时。"

法达蒙受大师的启发，踊跃欢喜，用一首偈颂来赞叹：

"经诵三千部，曹溪一句亡。

未明出世旨，宁歇累生狂。

羊鹿牛权设，初中后善扬。

谁知火宅内，元是法中王。"

大师说："你今后才可叫念经僧"。法达从此领悟玄妙的佛理，也不停辍诵读佛经。

僧人智通，寿州安丰人。他最初看读《楞伽经》，约千余遍，而不能领会三身四智。他礼拜大师请求解答其义。

大师说："所谓佛的三身，其中的清净法身，是你的本性；圆满报身，是你的智慧；千百亿化身，是你的行为。假若离开人的本性，另外说有佛的三身，就叫做有身无智。假若悟得三身本来没有自性，就叫做四智菩提。听我的偈颂说：

自性具三身，发明成四智。

不离见闻缘，超然登佛地。

吾今为汝说，谛信永无迷。

莫学驰求者，终日说菩提。"

智通再启问道："四智之义，可以听您解说吗？"

大师说："你既然领会了三身，也就明白了四智。你何需再问这个问题？假若离开了三身，另外去谈四智，这就叫做有智无身。即使这是有智慧的，也还是成了无智慧。"

大师又说偈颂：

"大圆镜智性清净，平等性智心无病。

妙观察智见非功，成所作智同圆镜。

五八六七果因转，但用名言无实性。

若于转处不留情，繁兴永处那伽定。"

智通听到大师的偈颂后顿时悟到本性四智，于是呈送偈颂说道：

论慧能

"三身元我体，四智本心明。

身智融无碍，应物任随形。

起修皆妄动，守住匪真精。

妙旨因师晓，终亡染污名。"

僧人智常，信州贵溪人。他童年就出家，立志求得明心见性。有一天，他来参礼六祖大师。

大师问道："你从何处来？欲求何事？"

智常答道："学僧最近前往洪州白峰山礼拜大通和尚，承蒙他开示见性成佛的意义。但我心中尚有未决的狐疑，因此远来礼拜和尚，祈望和尚慈悲为我指示。"

大师说："他有什么说法，你试列举出来看看。"

智常说："我到他那里，大约住了三月，但未有蒙受他的指示教诲。我因为求法心切，一个晚上独自进入方丈室，请问他什么是我的本心本性？

大通于是说：'你见到过虚空吗？'

我答道：'见过。'

他说：'你见到虚空有相貌吗？'

我答道：'虚空没有形体，有什么相貌？'

他说：'你的本性就犹如虚空，了无一物可见，这就叫着正见。无一物可知，这就叫着真知。人没有看到青黄长短，只是看见本源清净，觉体圆明，这就叫着见性成佛，也叫做如来知见。'

学僧虽然听闻此说，但还是没有解决疑问，故请求和尚为我开示。"

大师说："那个大师所说的，还存在着一个见知，因此让你未能明了。我现在给你一个偈颂：

不见一法存无见，大似浮云遮日面。

不知一法守空知，还如太虚生闪电。

此之知见瞥然兴，错认何曾解方便。

汝当一念自知非，自己灵光常显现。”

智常听闻偈颂后，心意豁然开朗。于是他作了一首偈颂说：

“无端起知见，著相求菩提。

情存一念悟，宁越昔时迷。

自性觉源体，随照枉迁流。

不入祖师室，茫然趣两头。”

智常有一天问大师：“佛说声闻、缘觉和菩萨三乘法，但又说了最上乘的成佛法，弟子对此未能理解，请大师为我教导。”

大师说：“你观察自己的本心，不要执著于外在的法相。佛法并无四乘之分，只是人心自有等差。能见闻并转而诵念佛经的人是小乘，觉悟佛法理解其义的人是中乘，依照佛法修行的人是大乘。万法尽通，万法俱备，一切不染，超离一切法相，一无所得，这叫做最上乘。乘是行的意思，不在于口头的争论。你须要自身修行，不要再问我了。在一切时刻，你的自性就会自如不动。”

智常礼谢大师的开示，侍奉他直到他去世。

僧人志道，广州南海人。有一次，他向慧能大师请教道：“学僧自从出家以来，虽然阅览《涅槃经》十载有余，但未明其中大意。请和尚予以教诲。”

大师说：“你哪里未有明白？”

志道说：“‘诸行无常，是生灭法。生灭灭已，寂灭为乐。’我对此疑惑不明。”

大师说：“你为什么会产生疑惑？”

志道说：“一切众生皆有二身，就是所谓的色身、法身。色身是无常的，有生有灭。法身是有常的，无知无觉。佛经说‘生灭灭已，寂灭为乐’，但我不知道何身归于寂灭？何身受此真乐？假若是色身的话，当色

论慧能

身寂灭时，地水风火四大分散，那么全然是苦。苦本身是不可言乐的。假若是法身寂灭的话，它就如同草木瓦石没有知觉，谁来承当享受真乐？另外，法性是生灭的本体，五蕴是生灭的功用。一个本体五种功用，生灭是恒常的。生则是从本体生起功用，灭则是摄功用回归本体。假若听任它们再生，那么它们就如同有情之类的众生，不断绝也不灭亡。假若不听认它们再生，它们则永远归于寂灭，等同于草木瓦石等无情之物。如果是这样的话，那么一切诸法就会被涅槃之所禁伏，它们尚且不得再生，这有什么乐处？"

大师说："你是佛门弟子，为何学习外道关于断常的邪见，而妄议最上乘的佛法？根据你所说的，就是在色身之外别有一个法身，离开色身的生灭而求于法身的寂灭；你又推论涅槃常乐，说是有一个身来受用。这是在执著生死，沉溺于世俗的享乐。你现在应当知道，佛开示涅槃就是在于：一切迷误之人认为五蕴和合作为自我的实相，分别一切法为外尘的境相，好生恶死，念念变化迁流，不知梦幻虚假，枉受生死轮回之苦，反而把常乐涅槃倒看为苦相，终日驰求于满足贪欲。佛正是怜悯这些愚迷之人的缘故，于是开示涅槃真乐的境界。刹那间没有生成之相，刹那间没有断灭之相，更没有生灭之相可以断灭，这就是寂灭涅槃显现于前。当涅槃现前时，它也没有关于现前的思量，这就是所谓的常乐。这种常乐没有承受者，也没有不承受者，岂能有一体五用之名？何况你还说涅槃禁伏诸法，使它们永远不生？这实在是谤佛毁法。听我的偈颂说：

无上大涅槃，圆明常寂照。

凡愚谓之死，外道执为断。

诸求二乘人，自以为无作。

尽属情所计，六十二见本。

妄立虚假名，何为真实义。

惟有过量人，通达无取舍。

以知五蕴法，及以蕴中我。

外现众色像，一一音声相。

平等如梦幻，不起凡圣见。

不作涅槃解，二边三际断。

常应诸根用，而不起用想。

分别一切法，不起分别想。

劫火烧海底，风鼓山相击。

真常寂灭乐，涅槃相如是。

吾今强言说，令汝舍邪见。

汝勿随言解。许汝知少分。"

志道听闻偈颂后大悟，欢喜踊跃作礼而退。

行思禅师，生于吉州安城刘家。他听闻曹溪六祖大师法席盛大行化，直接前来参礼六祖。他于是问六祖："应当做什么事情，才可以不落入修行的阶级？"

大师说："你曾经做了什么事情来？"

行思说："我连圣谛也不为。"

大师说："那你落入了何等阶级？"

行思说："我连圣谛尚且不为，哪里还会落入什么阶级？"

大师很器重他，让他做了寺院的首座。一天，大师对行思说："你应当分别教化一方，无令佛法断绝。"

行思既已得到慧能的禅法，于是回到吉州青原山，弘扬佛法，绍化佛教。他的谥号为弘济禅师。

怀让禅师，金州杜家的儿子。他最初谒拜嵩山慧安国师，慧安国师让他到曹溪参叩慧能大师。怀让来到曹溪礼拜慧能大师。

大师说："你从何处来？"

怀让说："嵩山。"

论慧能

大师说:"什么物,怎么来?"

怀让说:"说似一物就不对了。"

大师说:"还可修证吗?"

怀让说:"修证不是没有,污染却不可得。"

大师说:"就这个所谓的不污染,是诸佛共所护念的。你就是如此,我也是如此。印度的般若多罗法师曾预言:'你门下将生出一马驹踏杀天下人。'这个预言应放在你心上,不必过早说出来。"

怀让豁然契会慧能的语意。他于是侍奉慧能左右一十五年,逐渐到达禅法的玄奥境界。他后来前往南岳衡山,大力阐扬禅宗,被封谥号大慧禅师。

永嘉玄觉禅师,温州戴家的儿子。他少年学习经论,精通天台止观法门。他因看了《维摩经》,发明了自己的心地。他偶尔遇到了大师的弟子玄策前来相访,与其畅谈。玄觉禅师所谈言论暗合诸祖的佛理。

玄策说:"仁者所得佛法的大师是谁?"

玄觉说:"我听大乘方等经论,每部都各有师承。我后来在《维摩经》中,悟出佛心宗,只是还未有证明我见解的人。"

玄策说:"在威音王佛出世以前,人可以无师自悟,但在威音王出世以后,无师自悟,全部是天然

明《永嘉真觉大师证道歌》

116

外道。"

玄觉说:"希望仁者为我的见解印证。"

玄策是:"我人微言轻。曹溪有六祖大师,四方的禅者都云集在那里,并且是领受正法的人。你若去的话,我会与你偕行"。

玄觉于是同玄策前来参拜六祖大师。玄觉绕着大师走了三圈,振着锡杖而后站立。

大师说:"所谓沙门,要具有三千威仪,八万细行。大德从何方而来,为何生出自大傲慢?"

玄觉说:"解脱生死的事情重大,生命无常迅速。"

大师说:"为何不去体取无生无灭的本性,明了无速无迟呢?"

玄觉说:"体会的就是本性无生无灭,明了的就是本来无速无迟。"

大师说:"就是这样,就是这样!"

玄觉这才具备威仪礼拜六祖。须臾他就告辞。

大师说:"你返回太迅速了吧?"

玄觉说:"本来就不动,哪有什么迅速?"

大师说:"谁知道不动?"

玄觉说:"只是仁者自己生起了分别之心。"

大师说:"你已经深得无生无灭的意识了。"

玄觉说:"无生无灭难道还有意识吗?"

大师说:"如果无生无灭没有意识的话,那么谁能分别它呢?"

玄觉说曰:"即使分别也并非意识。"

大师说:"好啊!少留一宿吧。"当时人们就称玄觉为"一宿觉"。后来玄觉著有《证道歌》盛行于世。他的谥号为无相禅师,那时人们称他为"真觉"。

禅者智隍,最初参拜五祖弘忍,自称已得到佛法的正定。他在庵室里长期静坐,达二十年。

六祖大师弟子玄策,游方到河朔时,听闻到智隍的大名,便造访他所

论慧能

在的寺庙问道："你在此做什么？"

智隍说："入定。"

玄策说："你说入定，是有心入定呢？还是无心入定呢？假若无心入定的话，那么一切无情草木瓦石，应该都能入定。假若有心入定的话，那么一切有情含识之流，也应该能得入定。"

智隍说："我正入定的时候，看不见有有、无之心。"

玄策说："当人看不见有有、无之心时，就是常定。那还有什么出定入定？若有出定入定，就不是大定。"

智隍无言以对。过了很久，他问道："禅师嗣承谁呢？"

玄策说："我师承曹溪六祖。"

智隍说："六祖认为什么是禅定？"

玄策说："关于禅定，我师说：'心性妙湛圆寂，本体功用如一。五阴和合，缘起本空。六尘境相，也非实有。心性不出不入，不定不乱。禅性本无所住，要超离执住禅定的寂静。禅性本无所生，要超离生起禅定的妄想。心虽如虚空，但也无虚空的度量。'"

智隍听闻如此说法，便直接来谒拜六祖大师。

大师问："仁者从何处来？"

智隍于是具体地叙述了前缘。

大师说："诚如玄策所说的那样，你只要心如虚空，但不执著空见。应用自如无碍，动静无生其心，凡圣两情皆忘，能所分别具泯，性相如一不动，你就无时不在禅定之中。"

智隍于是大悟，二十年所得的执著心没有留下任何影响。那天夜里，河北的官吏和百姓听到空中有声说："智隍禅师今日得道。"智隍后来礼辞六祖，又回归河北，开示教化僧俗四众。

有一僧人问大师说："黄梅五祖的佛法意旨，究竟什么人得到了？"

大师说："会佛法的人得到了。"

僧人问:"和尚你还得到了吗?"

大师说:"我不会佛法。"

有一天,大师欲濯洗五祖所授的法衣,但找不到好的山泉。因此,他来到寺后五里许的地方,看见山林郁茂,瑞气盘旋。大师振起锡杖卓立该地,泉水应手而出,积聚为一个水池。他于是跪膝,在石上洗衣。忽然有一僧来礼拜他,说:"我方辩是西蜀人。昨天在南天竺国,见到了达摩大师,他嘱托我方辩迅速来到唐地。达摩说他所传的大迦叶正法眼藏以及法衣,现已传到六代祖师,就在韶州曹溪,你去瞻礼他。方辩我远道而来,但愿见到我师传来的衣钵。"

大师于是出示衣钵。他接着问道:"上人专攻何种事业?"

方辩说:"善于雕塑。"

大师正色说:"你试塑一塑来看。"

方辩不知所措。过了数日,他塑就了一尊真相,约高七寸,曲尽其妙。

大师笑道:"你只解塑性,不解佛性。"

大师舒手抚摩方辩的头顶,说:"愿你永为人天福田。"

有一僧人举说卧轮禅师的偈颂:

"卧轮有伎俩,能断百思想。

对境心不起,菩提日日长。"

大师听闻后,对他说:"这一偈颂未明心地。假若依此而修行,那是增加系缚。"

因此,他开示一偈颂说:

"慧能没伎俩,不断百思想。

对境心数起,菩提作么长。"

论慧能

解 析

一、无尽藏

慧能与无尽藏的问答相关于佛理与文字。

1.一般可将事物及其表达分为如下几个层面：存在（实相）、思想（佛理）、语言、文字。

2.语言和文字是通达思想（佛理）和存在（实相）的工具，但语言文字不是思想和存在自身。一旦人体悟了思想（佛理）和存在（实相），就要放弃语言和文字自身。

3.对于慧能而言，对于佛理和实相的体悟，全部在于一心。因此，"诸佛妙理，非关文字"，而关心性。

二、法海

慧能与法海的问答相关于即心即佛。

1.慧能说：前念不生即心，后念不灭即佛。前念已过，不再执着；后念已起，不再止住。

2.慧能又说：成一切相即心，离一切相即佛。心生成了一切法相；佛脱离了一切法相。

3.即心即佛就是觉悟了心色如一和空有不二的诸法实相。

三、慧能的偈颂之一

即心名慧，即佛乃定。

定慧等持,意中清净。

1.即心名慧,即佛乃定。即心名为智慧,即佛名为禅定。这也可以互指,即心名为智慧,即佛名为禅定。

2.定慧等持,意中清净。禅定和智慧不是二,而是一,同属一体。它们达到清净心体。

四、慧能的偈颂之二

悟此法门,由汝习性。
用本无生,双修是正。

1.悟此法门,由汝习性。觉悟此顿悟法门,不是通过其他外在途径,而是通过自己所修成之性。

2.用本无生,双修是正。这就是说,定是慧本,慧是定用。它们寂而常照,照而常寂,不生不灭。唯有定慧双修,才是学道的正途。

五、法海的偈颂

即心元是佛,不悟而自屈。
我知定慧因,双修离诸物。

1.即心元是佛,不悟而自屈。心原本就是佛,但我以前没有觉悟此,而让自心佛受到了屈辱。

2.我知定慧因,双修离诸物。现在我知道了定慧的正因,从而定慧双修而离开一切物相。

论慧能

明《法海寺·水月观音》

六、法达

慧能与法达的问答相关于《法华经》。

1. 法达诵《法华经》已达三千部，并以此自负。

2. 慧能认为，法达若念至万部，理解经意，并不以为傲，则是修学佛法。但法达并未做到如此，且不知过错。

七、慧能的偈颂

礼本折慢幢，头奚不至地。

有我罪即生，忘功福无比。

1.礼本折慢幢，头奚不至地。所谓行礼就是要折去贡高我慢。顶头礼是以我的头顶地，以向他人表达敬意。如果行顶头礼而头不至地的话，那么行此礼就是名不符实。人假谦卑，实傲慢。

2.有我罪即生，忘功福无比。有我是我执，如我见、我贪和我慢等。有我就会有贪嗔痴三毒，而产生罪业。无功是无我的一切有为之功德，诵经就是这种功德之一。无我会获得无限的福报。

八、慧能复说的偈颂之一

汝今名法达，勤诵未休歇。

空诵但循声，明心号菩萨。

1.汝今名法达，勤诵未休歇。你现在名叫法达，勤奋诵读《法华经》没有休歇。

2.空诵但循声，明心号菩萨。你空诵经文只是因循其声音，而没有理解其意。但只有明心见性才是真正的菩萨。

九、慧能复说的偈颂之二

汝今有缘故，吾今为汝说，

但信佛无言，莲花从口发。

1.汝今有缘故，吾今为汝说。你现在有很好的机缘，我今天为你说明佛法。

2. 但信佛无言，莲花从口发。只有相信佛本无言可说，妙法莲花才会从口里发出。

十、佛之知见

1. 一大事因缘。诸佛世尊出现于世间，只是为了一个大事。此一大事就是佛之知见。佛之知见不同于众生知见。众生知见是依自己的思想分别所立的见解，但佛之知见是证悟诸法实相而产生的智慧。佛之知见是关于心色如一和空有不二的智慧。

2. 让世人开佛之知见。世人外迷著相，内迷著空。若能出迷转悟，就能于相离相，于空离空。此转变是一念之间的顿悟，也就是开佛知见。

3. 佛之四门：开示悟入。佛是觉。佛之四门也是觉之四门。开觉知见是开启对于觉知见的蒙蔽；示觉知见是指示觉知见的自体；悟觉知见是证悟到觉知见；入觉知见是进入到觉知见，达到明心见性。

4. 自开佛之知见。佛已成佛，已具知见，不用再开佛之知见。佛开佛之知见是要让众生开佛之知见。众生本有佛之知见。众生开佛之知见就是要自开佛之知见，也就是明心见性。众生不要外求，而要内觅。

5. 佛之知见和众生知见。人要开佛知见，不要开众生知见。开前者是出世；开后者是世间；前者是悟，后者是迷。

6. 解义和诵经。解义和诵经并不矛盾，而能互补。诵经不解义，就是落入空诵；解义不诵经，就会变成狂解。慧能认为，口诵心行，即是转经；口诵心不行，即是被经转。

十一、慧能的偈颂之一

心迷法华转，心悟转法华。

诵经久不明，与义作仇家。

1. 心迷法华转，心悟转法华。人的心处于迷惑之中，就会被《法华经》转动；人的心处于觉悟之中，就会去转动《法华经》。

2. 诵经久不明，与义作仇家。空诵佛经而不明白其理，那只是与义相悖而成为了仇家。

十二、慧能的偈颂之二

无念念即正，有念念成邪。

有无俱不计，长御白牛车。

1. 无念念即正，有念念成邪。无执着妄念而诵念佛经就是正心念经，有执着妄念而念经就是邪心念经。

2. 有无俱不计，长御白牛车。既不执着有妄念，也不执着无妄念，人就能长久驾驭大白牛车（一佛乘），而见性成佛。

十三、三乘与一乘

1. 佛的智慧。声闻、缘觉和菩萨三乘人，不能测度佛的智慧，其问题在于度量。他们计算、分别、思虑和推度，不仅不能体悟佛的智慧，反而更加远离佛的智慧。他们不知道佛的智慧就在自性之中。

2. 唯一佛乘。三车（羊车喻声闻、鹿车喻缘觉、牛车喻菩萨）是假，一乘是实。去假归实，归实之后，实亦无名。一乘就是人的自性。

十四、法达的偈颂之一

经诵三千部，曹溪一句亡。

未明出世旨，宁歇累生狂？

1.经诵三千部，曹溪一句亡。虽然法达诵读《妙法莲华经》已经三千部，但并没有知晓其义理。当他来到曹溪受到慧能的呵斥，便失去了自以为傲的诵经功德。

2.未明出世旨，宁歇累生狂？我没有明白诸佛世尊为一大事因缘出世的宗旨，怎么可能休歇长久以来形成的狂妄习气？

十五、法达的偈颂之二

羊鹿牛权设，初中后善扬。

谁知火宅内，元是法中王。

1.羊鹿牛权设，初中后善扬。羊车、鹿车和牛车的比喻只是权且设立的工具，初善、中善和后善的正法依次宣扬。

2.谁知火宅内，元是法中王。谁知道六尘的火宅之中的众生，原来顿悟之后就是法中王如来！

十六、智通

慧能与智通的问答相关于佛的三身四智。

1.三身。慧能将佛的三身解释为人自身的心性。清净法身是人的自性，圆满报是人的智慧；千百亿化身是人的心行。

2.自性三身四智。不离本性而说三身，就是有身有智；离开本性另说三身，就是有身无智。离开本性另说四智，就是有智无身。但是三身都是从同一自性而来，并非各自有一个自性。不仅三身，而且四智也是源于人的自心和自性。眼耳鼻舌身五识共成成所作智，第六识意识转成妙观察智，第七识心识转成平等性智，第八识藏识转成大圆镜智。四智成三身，或者三身成四智。大圆镜智成法身，平等性智成报身，妙观察智与成所作智共成化身。

十七、慧能的偈颂之一

自性具三身，发明成四智。

不离见闻缘，超然登佛地。

1.自性具三身，发明成四智。每个人的自性都具备佛的三身，而且发明成佛的四智。

2.不离见闻缘，超然登佛地。不脱离世界中的见闻境缘，但超然登入了佛的境地。

十八、慧能的偈颂之二

吾今为汝说，谛信永无迷。

莫学驰求者，终日说菩提。

1.吾今为汝说，谛信永无迷。我现在为你讲说见性的佛法，你要坚信此法而永远不要迷惑。

2.莫学驰求者，终日说菩提。你不要学习那些在外驰求觅佛的人，终日口头言说菩提而没有明心见性。

十九、智通又问

慧能与智通的再次问答相关于四智之义。

慧能认为，四智不可离开三身，也就是不可离开人的自性和自心。假若离开了三身，就不可以另谈四智。离开了三身谈四智，也就是离开了自

论慧能

心和自性谈四智，这种四智只是有智无身，没有了基础。

二十、慧能复说的偈颂之一

大圆镜智性清净，平等性智心无病。

妙观察智见非功，成所作智同圆镜。

1. 大圆镜智性清净。第八识阿赖耶识转为大圆镜智时，它离开了污染，自性清静，洞照万法。作为佛智，它如同大圆镜映现了诸法实相，亦即心色如一，空有不二。

2. 平等性智心无病。第七识末那识转为平等性智时，它破除了我执和法执，没有爱憎，消除心病，达到万法无滞，众生平等。

3. 妙观察智见非功。第六识意识转为妙观察智时，它能善分别诸法的自相和共相，但不起妄想。虽然观察明了，但不涉计度，不假功成。

4. 成所作智同圆镜。前五识眼耳鼻色身转为成所作智时，它们能随物应用，成其所作。成所作智如同大圆镜智一样，都是人在成佛之后的后得智。

二十一、慧能复说的偈颂之二

五八六七果因转，但用名言无实性。

若于转处不留情，繁兴永处那伽定。

1. 五八六七果因转。前五识和第八识都是在果地上转，只有在人成佛之后才有成所作智和大圆镜智；第六识和第七识都是在因地上转，在未成佛之前就能获得妙观察智和平等性智。

2. 但用名言无实性。虽然六识和七识是在因地中转，前五识和第八识是在果地上转，但这只是转其名，而不转其实。其实性就是自心和自性。

它迷则为识，悟则成智。

3.若于转处不留情。转处是转识成智之处，也就是转迷为悟之处。在转处绝不退转，亦即毫不留情。

4.繁兴永处那伽定。繁为繁多，兴为兴起。此言外境。那伽定是龙定深渊。此为大定。虽然外境复杂多变，但自心和自性大定。

二十二、智通的偈颂之一

三身元我体，四智本心明。

身智融无碍，应物任随形。

1.三身元我体，四智本心明。佛的三身原来就是我的体性，佛的四智本来就是我明亮的心。

2.身智融无碍，应物任随形。三身以四智为体，四智以三身为用。因此，三身和四智相融无有障碍，顺应万物任随其形。

二十三、智通的偈颂之二

起修皆妄动，守住匪真精。

妙旨因师晓，终亡染污名。

1.起修皆妄动，守住匪真精。起心修行都是妄念在动，守心不动也不是见性的精要。

2.妙旨因师晓，终亡染污名。佛的三身四智的奇妙旨意是因为祖师的开示而晓悟，它终于除去了各种污染的假名。

论慧能

二十四、智常

慧能和智常的问答相关于见性成佛。

1.智常转述了大通对于本性的看法。大通认为，人的本性犹如虚空。它无一物可见，此为正见。无一物可知，此为真知。人的本性没有青黄长短，只见本源清净，觉体圆明。这就是见性成佛，也叫着如来知见。

2.慧能认为，大通关于本性的看法犹存见知的妄念，因此让智常不能明心见性。

二十五、慧能的偈颂之一

不见一法存无见，大似浮云遮日面。

不知一法守空知，还如太虚生闪电。

1.不见一法存无见，大似浮云遮日面。虽然自性不见一法，但还存在无见的妄念，此无见遮住自性，就如同浮云遮住了太阳的光辉。

2.不知一法守空知，还如太虚生闪电。虽然自性不知一法，但还守住空知的妄念，此空知障碍本性，就如同闪电闪耀在太空之中。

二十六、慧能的偈颂之二

此之知见瞥然兴，错认何曾解方便。

汝当一念自知非，自己灵光常显现。

1.此之知见瞥然兴，错认何曾解方便。这种无见和空知的妄念突然兴起，如果人们把它错认为是真实的知见的话，那么何曾理解了见性的方便法门？

2.汝当一念自知非，自己灵光常显现。你要一念之间自己知道存无见和守空知是错误的，于是自己心性的灵光就会永远闪现。

二十七、智常的偈颂之一

无端起知见，著相求菩提。

情存一念悟，宁越昔时迷。

1. 无端起知见，著相求菩提。我无端生起了知见的妄念，执着于法相而寻求菩提智慧。

2. 情存一念悟，宁越昔时迷。只要事情还存在一种妄念而求觉悟的话，那怎么可能越离往昔的迷惑？

二十八、智常的偈颂之二

自性觉源体，随照枉迁流。

不入祖师室，茫然趣两头。

1. 自性觉源体，随照枉迁流。人的自性就是觉悟的本源之体，但随着知见照物而冤枉念念迁流。

2. 不入祖师室，茫然趣两头。假如我不来到祖师的禅室听法的话，那么我只是茫然趋向存无见和守空知两头。

二十九、三乘与最上乘

一般佛法常讲三乘法，还讲最上乘法。但慧能认为，法无四乘，人心有等。佛乘是从人的修行的角度而言的。他对于佛教大中小的区分并非指佛教史上的大小乘，而是指人们闻法、解法和修证的次第。

1. 小乘。其根据言之所见、耳之所闻而理解佛法，同时诵读佛经。

2. 中乘。其觉悟佛法，理解佛义。

3. 大乘。其不仅理解佛法，而且修行佛法。

4. 最上乘。其万法尽通，万法俱备，一切不染，一无所得。其于法离法，于空离空，彻底地明心见性。

三十、志道

慧能与志道的问答相关于涅槃。

1. 志道的疑惑。

志道所疑为佛经所说生灭灭已，寂灭为乐者，不知道何身寂灭？何身受乐？

第一，志道认为，一切众生皆有二身，即色身与法身。色身是法相，它由地水火风四大构成。法身是法性，它只是诸法的实相空性。色身无常，有生有灭。法身有常，无知无觉。

第二，假若是色身寂灭时，色身的四大（地火风水）分散，它全然是苦，不可言乐。

第三，假若是法身寂灭时，法身却同草木瓦石，它没有感觉，不可受乐。

第四，法性（身）是生灭之体，五蕴（色受想行识）是生灭之用，一体五用，生灭是常。如果生的话，那么它则从体起用；如果灭的话，那么它则摄用归体。假若它再生的话，那么它就如同有情之类，不断不灭。假若它不复再生的话，那么它就如同无情之物，则永归寂灭。如果是这样的话，那么一切诸法被涅槃禁伏，连有情之类尚不得生，何乐之有？

2. 慧能的解答。

慧能认为志道是用外道的断见和常见这两种邪见来理解佛教的最上乘法。

第一，慧能认为，志道设定了在色身外另有法身，离生灭求寂灭。事实上，色身和法身同一无二，生灭和寂灭同一无二。在生灭之外没有涅槃，在涅槃之外没有生灭。同时，志道又推断涅槃常乐，言有身受用。这是执着生死，耽著世乐。

第二，慧能认为，佛的涅槃是为了开示迷人。一切迷人错认自体相为五蕴和合，外尘相为所分别的一切法。因此好生恶死，不知梦幻，枉受轮回。他们不知自性中就有常乐我净的大涅槃，反而把涅槃翻为苦相。

第三，慧能认为，佛所开示的涅槃真乐，刹那无有生相，刹那无有灭相，更无生灭可灭，这就是寂灭现前，也就是无生无灭。

第四，慧能认为，佛所开示的涅槃现前时，也没有关于现前的思量，这就叫做常乐。此乐没有承受者，也没有不承受者，哪里有什么一体五用之名？何况还说什么涅槃禁伏诸法，令永不再生？

三十一、慧能的偈颂之一

无上大涅槃，圆明常寂照。

凡愚谓之死，外道执为断。

1.无上大涅槃。最高的大涅槃，超离生死，不生不灭。慧能所理解的涅槃就是明心见性。

2.圆明常寂照。圆是不欠缺，而完满；明是无黑暗，而光明；常是无始终，而永恒；寂是无声响，而宁静；照是不愚昧，而灵照。

3.凡愚谓之死。凡夫愚人认为，涅槃是与生命相对立的死亡。

4.外道执为断。外道认为，涅槃是与死常相对立的断灭。

论慧能

三十二、慧能的偈颂之二

诸求二乘人，自以为无作。

尽属情所计，六十二见本。

1. 诸求二乘人，自以为无作。二乘人是声闻乘人和缘觉乘人。他们认为，涅槃就是无作，亦即没有作为。

2. 尽属情所计，六十二见本。六十二种见解皆为断常、有无之边见或者邪见。把涅槃理解为死亡、断灭和无作的三种观点全部属于凡情的分别计度，是六十二种邪见的根本。

三十三、慧能的偈颂之三

妄立虚假名，何为真实义。

惟有过量人，通达无取舍。

1. 妄立虚假名，何为真实义。这些邪见只是妄立的虚假名目，并没有说出真实的意义。

2. 惟有过量人，通达无取舍。过量人是超过常人所能度量的人，亦即诸佛菩萨，也是明心见性之人。唯有他们才能通达涅槃的本性，不取涅槃，也不舍涅槃。

三十四、慧能的偈颂之四

以知五蕴法，及以蕴中我。

外现众色像，一一音声相。

诸佛菩萨知晓五蕴（色受想行识）法的本性，以及五蕴中的所谓的我。它们只是外现的众多的色像和多种多样的音声相。

三十五、慧能的偈颂之五

平等如梦幻，不起凡圣见。

不作涅槃解，二边三际断。

1.平等如梦幻，不起凡圣见。诸佛菩萨认为一切万法平等，其性皆空，如同梦幻。因此，他们不生起凡圣的分别见解。

2.不作涅槃解，二边三际断。诸佛菩萨既超离生死，也超离开涅槃。因此，他们对于涅槃不取不舍。同时，他们断除了有边和无边的邪见，消解了过去、现在和未来三种时间。这是因为涅槃既不是有，也不是无。同时，它也不存在于过去、现在和未来的时间之中。

三十六、慧能的偈颂之六

常应诸根用，而不起用想。

分别一切法，不起分别想。

1.常应诸根用，而不起用想。诸佛菩萨常用六根觉知六尘，但不生起执着于用的妄念。

2.分别一切法，不起分别想。诸佛菩萨能分别一切法相，但不生起执着于分别的妄想。

三十七、慧能的偈颂之七

劫火烧海底，风鼓山相击。

真常寂灭乐，涅槃相如是。

即使劫火烧干海底，狂风鼓动山间相互撞击，但诸佛菩萨仍然处于真常寂灭乐之中。这就是涅槃的真相。

论慧能

三十八、慧能的偈颂之八

吾今强言说，令汝舍邪见。

汝勿随言解，许汝知少分。

我慧能现在在此勉强言说涅槃的真相，让你舍弃关于涅槃的邪见。你不要拘泥于言辞去理解涅槃，这样就能让你知道少分的佛法。

三十九、行思

慧能和行思的问答相关于修行的阶级。

1. 阶级。此处指修行的层次。菩萨的位次分为十信位、十住、十行、十回向、十地和等觉共五十一个阶级。

2. 圣谛。它是真谛，与俗谛相对。它是佛教的根本真理，亦即第一义。第一义是佛性，即心色如一、空有不二的自性。

3. 不落阶级。此谓超出渐修，而达到顿悟。如果人超出俗谛和圣谛，连圣谛尚不为的话，那么就没有任何阶级。这就是顿悟。

四十、怀让

慧能与怀让的问答相关于自心。

1. 说似一物即不中。人的本性无相，因此它不可说是一个物，甚至它也不可言说。这是因为语言本身也是一个物。言语道断，心行处灭。

2. 修证即不无，污染即不得。修证是修行和证悟。虽然人有修有证，但是不可有妄念污染，亦即不被分别心所执着。

四十一、玄觉

慧能与玄觉的问答相关于无生无灭和无分别意识。

1. 生死事大，无常迅速。慧能认为玄觉傲慢，没有一个修行者应遵守的礼仪。但玄觉狡辩说，生死事大，无常迅速。因此他无暇顾及礼仪。

2. 体即无生，了本无速。慧能开示玄觉，应体取无生而明了无速。这就是说要体取无生无灭，就可以明了无速无迟。玄觉即刻证悟了无生无灭，无速无迟。

3. 非动。慧能认为，玄觉返回过于迅速。玄觉解释道，本自非动非静，也就非速非慢。

慧能追问：谁知道非动？玄觉认为，动与不动只是人自己生起的分别意识。

慧能认可玄觉证得无生无灭的意识。玄觉认为，无生无灭是没有分别意识的。

慧能又追问：如果无生无灭没有意识的话，那么谁能分别它？玄觉认为，分别自身也没有意识。当人证入了无生无灭的境地时，他就如同佛经所说的：能善分别诸法相，于第一义而不动。

四十二、智隍

慧能与智隍的对话相关于禅定。

1. 有心无心。针对智隍的入定，慧能的弟子玄策追问其是有心还是无心。假若无心入定的话，一切无情木石应该得定。假若有心入定的话，一切有情众生也应说得定。这实际上是让智隍陷入两难。他既不能无心入定，也不能有心入定。任何一种回答都是错误的。智隍只好说自己不见有心无心，从而超出有无之外。

2. 无出无入。根据智隍不见有有、无之心，玄策认为这即是常定。既然是常定，那还有什么出入？若有出入，即非大定。这就破解了智隍所说的自己已得正定。

3. 玄策转述慧能所说禅定。其核心就是破解关于禅定的错误理解。禅定既不要执着于相，也不要执着于空。

4. 慧能所说禅定。他解释禅定就是于相离相、于空离空。禅定遍一切处，遍一切时。这种禅定实际上是定于般若，亦即明心见性的智慧。

四十三、一僧

慧能与一僧的问答主要相关与破除执着。

慧能之所以说他自己不会佛法，是因为他破除了自己对于佛法的执着。这表明真正的佛法在于自证自悟，明心见性。

四十四、方辩

慧能与方辩的对话相关于佛性。

佛性非相，故不可塑。

四十五、卧轮偈颂

卧轮有伎俩，能断百思想。

对境心不起，菩提日日长。

1.卧轮有伎俩，能断百思想。卧轮有修佛的技能，能够断除各种思想。

2.对境心不起，菩提日日长。面对外境不起心念，菩提智慧日日生长。

慧能认为这首偈颂未明心地，反成束缚。这在于卧轮把人变成了无情木石，而执着于断思想和不起心。这种菩提智慧是死的，不是活的。

四十六、慧能偈颂

慧能没伎俩，不断百思想。

对境心数起，菩提作么长。

1. 慧能没伎俩。慧能没有什么技能。这是因为佛在自性，无需技能。

2. 不断百思想。不能断除各种思想。这是因为自性本来无思想，无需断思想。

3. 对境心数起。面对外境心念数起。这是因为自性清净光明，能现万象。

4. 菩提作么长？菩提智慧如何生长？这是因为菩提智慧不生不灭、不增不减。

卧轮执着于不思和无心，慧能对症下药，强调有思有心。

时，祖师居曹溪宝林，神秀大师在荆南玉泉寺。于时两宗盛化，人皆称南能北秀，故有南北二宗顿渐之分。而学者莫知宗趣。

师谓众曰："法本一宗，人有南北。法即一种，见有迟疾。何名顿渐？法无顿渐，人有利钝，故名顿渐。"

然秀之徒众，往往讥南宗祖师："不识一字，有何所长？"

秀曰："他得无师之智，深悟上乘，吾不如也。且吾师五祖，亲传衣法，岂徒然哉！吾恨不能远去亲近，虚受国恩。汝等诸人，毋滞于此，可往曹溪参决。"

一日，命门人志诚曰："汝聪明多智，可为吾到曹溪听法。若有所闻，尽心记取，还为吾说。"

志诚禀命至曹溪，随众参请，不言来处。

时，祖师告众曰："今有盗法之人，潜在此会。"

志诚即出礼拜，具陈其事。

师曰："汝从玉泉来，应是细作。"

对曰："不是。"

师曰："何得不是？"

对曰："未说即是，说了不是。"

师曰："汝师若为示众？"

对曰："常指诲大众：'住心观净，长坐不卧。'"

师曰："住心观净，是病非禅。长坐拘身，于理何益？听吾偈曰：

生来坐不卧，死去卧不坐。

一具臭骨头，何为立功课。"

志诚再拜曰："弟子在秀大师处学道九年，不得契悟。今闻和尚一说，便契本心。弟子生死事大，和尚大慈，更为教示。"

师曰："吾闻汝师教示学人戒定慧法，未审汝师说戒定慧行相如何？与吾说看。"

诚曰："秀大师说：'诸恶莫作名为戒；诸善奉行名为慧；自净其意名为定。'彼说如此，未审和尚以何法诲人？"

师曰："吾若言有法与人，即为诳汝。但且随方解缚，假名三昧。如汝师所说戒定慧，实不可思议。吾所见戒定慧又别。"

志诚曰："戒定慧只合一种，如何更别？"

师曰："汝师戒定慧，接大乘人；吾戒定慧，接最上乘人。悟解不同，见有迟疾。汝听吾说，与彼同否？吾所说法，不离自性。离体说法，名为相说，自性常迷。须知一切万法，皆从自性起用，是真戒定慧法。听吾偈曰：

心地无非自性戒，

心地无痴自性慧，

心地无乱自性定。

元人《释迦三尊图》

论慧能

不增不减自金刚，

身去身来本三昧。"

诚闻偈悔谢，乃呈一偈曰：

"五蕴幻身，幻何究竟？

回趣真如，法还不净。"

师然之。复语诚曰："汝师戒定慧，劝小根智人；吾戒定慧，劝大根智人。若悟自性，亦不立菩提涅槃，亦不立解脱知见。无一法可得，方能建立万法。若解此意，亦名佛身，亦名菩提涅槃，亦名解脱知见。见性之人，立亦得，不立亦得。去来自由，无滞无碍。应用随作，应语随答。普见化身，不离自性，即得自在神通，游戏三昧，是名见性。"

志诚再启师曰："如何是不立义？"

师曰："自性无非、无痴、无乱。念念般若观照，常离法相，自由自在，纵横尽得，有何可立？自性自悟，顿悟顿修，亦无渐次，所以不立一切法。诸法寂灭，有何次第？"

志诚礼拜，愿为执侍，朝夕不懈。

僧志彻，江西人，本姓张，名行昌。少任侠。自南北分化，二宗主虽亡彼我，而徒侣竞起爱憎。时，北宗门人，自立秀师为第六祖，而忌祖师传衣为天下闻，乃嘱行昌来刺师。

师心通，预知其事。即置金十两于座间。时夜暮，行昌入祖室，将欲加害。师舒颈就之。行昌挥刃者三，悉无所损。

师曰："正剑不邪，邪剑不正。只负汝金，不负汝命。"

行昌惊仆，久而方苏，求哀悔过，即愿出家。

师遂与金，言："汝且去，恐徒众翻害于汝。汝可他日易形而来，吾当摄受。"

行昌禀旨宵遁。

后投僧出家，具戒精进。一日，忆师之言，远来礼觐。

师曰:"吾久念汝,汝来何晚?"

曰:"昨蒙和尚舍罪,今虽出家苦行,终难报德,其惟传法度生乎。弟子常览《涅槃经》,未晓常无常义。乞和尚慈悲,略为解说。"

师曰:"无常者,即佛性也;有常者,即一切善恶诸法分别心也。"

曰:"和尚所说,大违经文。"

师曰:"吾传佛心印,安敢违于佛经?"

曰:"经说佛性是常,和尚却言无常;善恶诸法,乃至菩提心,皆是无常,和尚却言是常。此即相违。令学人转加疑惑。"

师曰:"《涅槃经》,吾昔听尼无尽藏读诵一遍,便为讲说,无一字一义不合经文。乃至为汝,终无二说。"

曰:"学人识量浅昧,愿和尚委曲开示。"

师曰:"汝知否?佛性若常,更说什么善恶诸法,乃至穷劫,无有一人发菩提心者。故吾说无常,正是佛说真常之道也。又一切诸法若无常者,即物物皆有自性,容受生死,而真常性有不遍之处。故吾说常者,正是佛说真无常义。佛比为凡夫、外道执于邪常,诸二乘人于常计无常,共成八倒。故于《涅槃》了义教中,破彼偏见,而显说真常、真乐、真我、真净。汝今依言背义,以断灭无常,及确定死常,而错解佛之圆妙最后微言,纵览千遍,有何所益?"

行昌忽然大悟,说偈曰:

"因守无常心,佛说有常性。

不知方便者,犹春池拾砾。

我今不施功,佛性而现前。

非师相授与,我亦无所得。"

师曰:"汝今彻也,宜名志彻。"彻礼谢而退。

有一童子,名神会,襄阳高氏子,年十三,自玉泉来参礼。

师曰:"知识远来艰辛,还将得本来否?若有本则合识主,试说看。"

论慧能

会曰："以无住为本，见即是主。"

师曰："这沙弥争合取次语。"

会乃问曰："和尚坐禅，还见不见？"

师以柱杖打三下，云："吾打汝是痛不痛？"

对曰："亦痛亦不痛。"

师曰："吾亦见亦不见。"

神会问："如何是亦见亦不见？"

师云："吾之所见，常见自心过愆，不见他人是非、好恶，是以亦见亦不见。汝言亦痛亦不痛如何？汝若不痛，同其木石；若痛，则同凡夫，即起恚恨。汝向前见、不见是二边；痛、不痛是生火。汝自性且不见，敢尔弄人？"

神会礼拜悔谢。

湖北当阳玉泉寺

师又曰:"汝若心迷不见,问善知识觅路;汝若心悟,即自见性,依法修行。汝自迷,不见自心,却来问吾见与不见。吾见自知,岂代汝迷?汝若自见,亦不代吾迷。何不自知、自见,乃问吾见与不见?"

神会再礼百余拜,求谢过愆。服勤给侍,不离左右。

一日,师告众曰:"吾有一物,无头无尾,无名无字,无背无面,诸人还识否?"

神会出曰:"是诸佛之本源,神会之佛性。"

师曰:"向汝道无名无字,汝便唤作本源佛性。汝向去有把茆盖头,也只成个知解宗徒。"

祖师灭后,会入京洛,大弘曹溪顿教。著《显宗记》,盛行于世,是谓荷泽禅师。

师见诸宗难问,咸起恶心。多集座下,愍而谓曰:"学道之人,一切善念恶念,应当尽除。无名可名,名于自性。无二之性,是名实性。于实性上,建立一切教门。言下便须自见。"诸人闻说,总皆作礼,请事为师。

译 文

那时,六祖大师居住在曹溪宝林寺,神秀大师居住在荆南玉泉寺。当时两大宗派兴盛教化,人们都称南能北秀,因此有南北二宗顿渐之分。但学佛之人并不知道它们的宗趣。

六祖大师对大众说:"佛法本来只有一宗,但人分有南北。佛法只有一种,但见解有迟疾。什么叫顿渐?佛法本无顿渐,但人的根器有利钝,因此叫做顿渐。"

然而,神秀的门徒们往往讥笑南宗六祖大师:"不识一字,有何所长?"

但神秀说:"慧能他得到了无师自通的智慧,深悟上乘佛法,我不如

论慧能

他。况且我师五祖弘忍，亲传慧能衣法，难道只是凭空的吗？我都恨不能远去亲近他，只是在这里虚受国恩。你们这些人不要滞留于此，可以前往曹溪参拜受教。"

有一日，神秀命令门人志诚说："你聪明多智，可为我到曹溪去听法。假若你有所听闻，要尽心记取，回来告诉我。"

志诚禀命来到曹溪，跟随大众参请六祖，但不说明自己的所来之处。

当时，六祖大师告诉众人："现在有盗法之人，潜伏在这个法会之中。"

志诚即刻出来礼拜六祖，具体陈述了他前来参拜的事由。

大师说："你从玉泉来，应是奸细。"

志诚答道："不是。"

大师说："你如何不是？"

志诚答道："我未说即是，但我说了就不是。"

大师说："你的师父是如何开示大众的？"

志诚答道："他常指诲大众：'要守住一心，观想清净，长期静坐，不卧休息'。"

大师说："住心观净，是一种病，而不是禅。长期静坐拘束身体，对于领悟佛理有何益处？听我的偈颂说：

生来坐不卧，死去卧不坐。

一具臭骨头，何为立功课。"

志诚再次礼拜慧能大师："弟子在神秀大师处学道九年，不得契悟佛理。今听闻和尚一说，便契合了本心。弟子觉得生死的解脱事大，请和尚大慈大悲，再为我教示。"

大师说："我听闻你师父教授开示学人戒定慧法，但不知道你师父所说的戒定慧的特性如何？你说给我听听看。"

志诚说："神秀大师说：'诸恶莫作名为戒；诸善奉行名为慧；自净其意

146

名为定。'他所说的就是如此,未知和尚用何种佛法教诲人?"

大师说:"我假若说有法给予人,就等于是欺骗你。我只是随顺方便而解除束缚,不过借助三昧之名。如你师父所说的戒定慧,实在不可思议。我所见解的戒定慧又有分别。"

志诚说:"戒定慧只应该有一种,如何更有分别?"

大师说:"你师父所说的戒定慧,是接引大乘人;我所说的戒定慧,是接引最上乘人。悟解有所不同,识见有所迟疾。你听我说,看与他所说的是否相同?我所说佛法,不离开自性,离开自性本体说法,就叫做执著于相状而说,自性会经常迷误。须知一切万法,都是从自性中生起运用,这才是真正的戒定慧法。听我的偈颂说:

心地无非自性戒,

心地无痴自性慧,

心地无乱自性定。

不增不减自金刚,

身去身来本三昧。"

志诚听闻偈颂后悔悟拜谢,于是呈送一偈颂:

"五蕴幻身,幻何究竟?

回趣真如,法还不净。"

大师称许了偈颂,又告诉志诚:"你师父所说的戒定慧,是劝小根智人;我所说的戒定慧,是劝大根智人。假若人觉悟自性,人也就不要设立菩提涅槃,也不要设立解脱知见。自性无一法可得,方能建立万法。假若人理解了这个意义,也就叫做佛身,也就叫做菩提涅槃,也就叫做解脱知见。见到自性的人,设立这些名字也行,不设立这些名字也行。他去来自由,无滞无碍。他应用随作,应语随答,普现化身,但又不离自性,这就到达了自在神通、游戏三昧的境地,这就叫做见性。"

志诚再次问大师说:"什么是不立的意义?"

论慧能

大师说:"自性无非、无痴、无乱。念念之间以般若智慧观照,常离法相,自由自在,纵横尽得,有何佛法可立?自性需要自悟,顿悟顿修,也无渐次,所以不立一切法。一切法都归于寂灭,人还有什么修行的次第?"

志诚听后,礼拜六祖大师,愿意侍奉他,朝夕不懈怠。

僧人志彻,江西人,本姓张,名行昌。他少年时喜好侠行。自南北宗分化后,二宗主虽然无彼我之心,但徒侣竞起爱憎之情。当时,北宗门人,自立神秀大师为禅宗第六祖,而忌恨六祖慧能大师得传衣钵为天下所闻,于是嘱咐行昌来刺杀慧能大师。

大师心中通达,预知其事,便置放黄金十两于座间。

当时夜里,行昌潜入六祖的室内,将欲加害六祖。大师伸出头颈就刃。但行昌挥刃三次,都没有伤害六祖。

大师说:"正剑不邪,邪剑不正。我只负你的钱,不负你的命。"

行昌惊恐仆到,很久才苏醒,哀求悔过,并表示愿意出家。

大师于是给他金子说:"你暂且离去,恐怕我的徒弟反过来加害于你。你可以另择他日改貌易形再来,我当接受你为弟子。"

行昌禀受大师的旨意夜里逃遁了。

后来他投僧出家,受具足戒,精进修行。一天,行昌忆起大师的言语,远来礼拜大师。

大师说:"我长久惦念你,你怎么来得这么晚?"

行昌说:"上次承蒙和尚饶恕我的罪过,今虽出家苦行,但终难报答您的恩德,惟有传扬佛法,广度众生。弟子常阅览《涅槃经》,但没有通晓常与无常的意义。请和尚慈悲,简略为我解说。"

大师说:"所谓无常,就是佛性;所谓有常,就是一切善恶诸法分别心。"

行昌说:"和尚所说的意思,完全违背经文。"

大师说："我传授佛法心印，怎敢违背佛经？"

行昌说："佛经说佛性是常，和尚却说无常；佛经说善恶诸法，乃至菩提心，皆是无常，和尚却说是常。这就是和佛经相违了。这令我更加增加了疑惑。"

大师说："《涅槃经》，我过去曾听比丘尼无尽藏读诵过一遍，便为她讲说过经中大意，我所说的话无一字一义不合经文。乃至现在为你讲说，最终也没有其他的说法。"

行昌说："我的识量浅薄愚昧，请和尚为我详细开示。"

大师说："你知道吗？佛性假若是常的话，那么还说什么善恶诸法，乃至穷劫，无有一人发菩提心。因此，我所说的无常，正是佛说的真常之道。另外，一切诸法假若无常的话，那么每一事物皆有自己的本性，而容受生死的轮回，而真常性就有不遍及的地方。因此，我所说的常，正是佛说真无常的意义。佛是因为那些凡夫外道执著于邪常，而那些声闻、缘觉二乘人把常计成无常，共成八个颠倒的见解，所以他在《涅槃》了义教中，破除了他们的偏见，而显说了真常、真乐、真我、真净。你今依据经文的言词而违背了义理，以断灭的无常以及确定的死常，而错解佛陀圆妙最后的微言，纵使你阅览千遍，这又有何益处？"

行昌忽然大悟，说出了偈颂：

"因守无常心，佛说有常性。

不知方便者，犹春池拾砾。

我今不施功，佛性而现前。

非师相授与，我亦无所得。"

大师说："你今天彻底开悟了，你名字宜叫志彻。"志彻礼拜致谢而退下。

有一童子，名叫神会，襄阳高家的儿子。他年十三时，自玉泉寺来参礼六祖大师。

论慧能

清·丁观鹏《宝相观音》

大师说："善知识远来艰辛了，你还将本带来否？你若将本带来，则应该认识主人，试说着看。"

神会说："我以无住为本，见就是主人。"

大师说："你这小沙弥说话草率。"

神会于是问道："和尚坐禅时，还见不见？"

大师以柱杖打神会三下，说："我打你，你是痛，还是不痛？"

神会答道："我亦痛，亦不痛。"

大师说："我亦见，亦不见。"

神会问："如何是亦见亦不见？"

大师说："我的所见，是常见自心的过错，不见他人是非好恶，因此是亦见亦不见。你说亦痛亦不痛是什么意思？你假若不痛，就等同木石；假若痛，则等同凡夫，即刻升起憎恨。你前面所问的见与不见是两种边见；痛与不痛是生灭法。你自性尚且不见，还敢这样作弄人？"

神会礼拜六祖并悔恨感谢。

大师又说："你假若心迷不见，就要问善知识觅路；你假若心悟，就自见本性，依法修行。你自迷不见自心，却来问我见与不见。我见自知，岂能代你不迷误？你若自见，也不能代替我的迷误。你为何不自知自见，而来问我见与不见？"

神会再向慧能大师顶礼百余拜，请求饶恕过错。他勤恳侍奉六祖，不离左右。

有一日，大师告诉大众说："我有一物，无头无尾，无名无字，无背无面，大家还认识吗？"

神会出来说："这是诸佛的本源，神会的佛性。"

大师说："我向你说道是无名无字，你便把它唤作本源佛性。你将来即使有把茅草盖头存生，也只会成为一个知解佛法的宗徒。"

六祖大师灭圆寂后，神会来到了京师长安和洛阳，大力弘扬曹溪顿教。他著有《显宗记》，盛行于世，这就是所说的荷泽禅师。

大师见诸宗派相互问难，都起了邪恶之心，于是多召集他们来到其座下，怜悯地对他们说："学道之人应当尽除一切善念恶念。这种无善无恶是无名可名的，只是假名于自性。无二之性，这就名为实性。人要在实性上，建立一切教门。人要在一言启发之下即刻就自见本性。"大家听闻了六祖的说法，一起作礼，请求事奉六祖为师。

论慧能

解　析

一、南顿北渐

1. 南能北秀。慧能代表了南派顿悟禅宗，神秀代表了北派渐修禅宗。故有南北二宗顿渐之分。

2. 慧能认为，法本一宗，人有南北。法无顿渐，人有利钝，故名顿渐。

二、神秀的开示

1. 神秀的开示：住心观净，长坐不卧。

2. 慧能认为，住心观净，是病非禅。这在于应无所住而生其心。慧能还认为，长坐拘身，于理无益。这在于关键是修心，而不是修身。

三、慧能的偈颂

生来坐不卧，死去卧不坐。

一具臭骨头，何为立功课。

1. 生来坐不卧，死去卧不坐。人生来常坐不卧倒，人死去常卧不坐着。人的身体在生时有生的形态，在死时有死的形态。

2. 一具臭骨头，何为立功课。身体只是一具臭骨头，是被心灵所规定的。坐卧只是人的身体的状态，而非心灵的状态。但觉悟不在身，而在心。因此，人何必不在心灵上，而在身体上强立什么功课？

这意在强调关键不是静坐禅定，而是明心见性。

四、神秀的戒定慧

1.神秀认为，诸恶莫作名为戒；诸善奉行名为慧；自净其意名为定。

2.神秀的观点实际上是对于佛教四句偈颂的改造。这四句偈颂为：诸恶莫作，众善奉行，自净其意，是诸佛教。

五、慧能的戒定慧

1.慧能认为，神秀的戒定慧，接大乘人；他自己的戒定慧，接最上乘人。或者，神秀的戒定慧是度小根智人，他自己的戒定慧是度大根智人。

2.根据慧能的观点，神秀的戒定慧未见自性，执着外相；他自己的戒定慧明心见性，超离外相。

六、慧能的偈颂

心地无非自性戒，

心地无痴自性慧，

心地无乱自性定。

不增不减自金刚，

身去身来本三昧。

1.心地无非自性戒。心地清净无染，远离贪欲，这就是自性戒，不是外在戒。

2.心地无痴自性慧。心地光明无垢，除去痴念，这就是自性慧，不是外在慧。

3.心地无乱自性定。心地常定自如，没有动摇，这就是自性定，不是外在定。

4. 不增不减自金刚。自性本不生不灭，不增不减，寂静涅槃，如同金刚。

5. 身去身来本三昧。行住坐卧，来去自由，心无挂碍执着，自是大定。

七、志诚的偈颂

五蕴幻身，幻何究竟？

回趣真如，法还不净。

1. 五蕴幻身，幻何究竟？五蕴（色受想行识）聚集为幻化身，既然是幻化，那么怎可能是究竟的实相？

2. 回趣真如，法还不净。假若回趋自己的真如本性的话，那么自性之中就有戒定慧，若离真如而求法，这种法就不是纯净的。

八、自性不立

1. 自性无相。因为自性无相，所以它无非、无痴、无乱。

2. 自性不立。因为自性无相，所以不立菩提涅槃，也不立解脱知见。

3. 自性建立万法。正是因为自性无一法可得，所以才能建立万法。自性自身建立了佛身、菩提涅槃、解脱知见。

九、常与无常

1. 一般说法。常是无生灭，无常是生灭不住。

2. 佛经说法。针对人们将佛性理解为无常，佛说佛性是常，善恶诸法和菩提心皆是无常。

3.慧能说法。针对人们将佛性理解为常，慧能说佛性无常，一切善恶诸法分别心则是有常。

第一，假若佛性是常的话，那么人人都要发菩提心。但事实上，长久以来没有一人发菩提心。因此说佛性是无常。但这正是佛说真常之道。

第二，假若一切诸法是无常，那么物物皆有自性，容受生死，而真常性有不遍之处。但事实上真常能遍诸法。因此说诸法是常。这正是佛说真无常义。

第三，凡夫外道执于邪常，诸二乘人于常计无常。他们把无常理解为断灭，把常理解为确定死常。

第四，佛为了破除偏见，而显说真常、真乐、真我、真净。

第五，慧能正是以佛的真常和真无常破一般的对于常和无常的执着。常即无常，无常即常。佛性非常非无常，常与无常不二。

十、行昌的偈颂之一

因守无常心，佛说有常性。
不知方便者，犹春池拾砾。

1.因守无常心，佛说有常性。因为凡夫执着无常，所以佛破之以有常；因为凡夫执着有常，所以佛破之以无常。佛性非常非无常。

2.不知方便者，犹春池拾砾。如果人们不知道佛法是破除迷人执着的方便法门的话，那么这就如同在春池中执石为宝，而遗忘了真正的珠宝。

十一、行昌的偈颂之二

我今不施功，佛性而现前。

论慧能

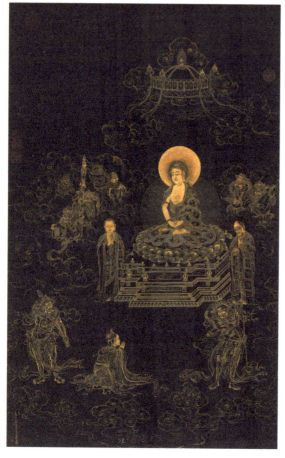

清·丁观鹏《无量寿佛》

非师相授与，我亦无所得。

1. 我今不施功，佛性而现前。我现在没有施用有为功行而觉悟，自己的佛性显现在眼前。

2. 非师相授与，我亦无所得。这既不是大师授予我的，也不是我自己所获得的。自性自有，本来现成。

十二、见与不见

1. 见性。此为觉悟。

2. 不见性。此为迷误。

3. 自见性。人要自知自见。人自己不能代替他人去见，他人也不能代替人自己去见。

十三、实性

1. 无善无恶。学道之人应当尽除一切善念恶念。这在于自性非善非恶。

2. 无名。自性无相，不可言说，故不可名。

3. 无二。实性是事物自身的本性。它是其自身，是平等的，故无二分别。

156

护法品第九

神龙元年上元日，则天、中宗诏云："朕请安、秀二师，宫中供养。万机之暇，每究一乘。二师推让云：'南方有能禅师，密授忍大师衣法，传佛心印，可请彼问。'今遣内侍薛简，驰诏迎请。愿师慈念，速赴上京。"

师上表辞疾，愿终林麓。

薛简曰："京城禅德皆云：'欲得会道，必须坐禅习定。若不因禅定而得解脱者，未之有也。'未审师所说法如何？"

师曰："道由心悟，岂在坐也？经云：'若言如来若坐若卧，是行邪道。'何故？无所从来，亦无所去，无生无灭，是如来清净禅。诸法空寂，是如来清净坐。究竟无证，岂况坐耶？"

简曰："弟子回京，主上必问。愿师慈悲，指示心要。传奏两宫，及京城学道者。譬如一灯然百千灯，冥者皆明，明明无尽。"

师云："道无明暗，明暗是代谢之义。明明无尽，亦是有尽。相待立名，故《净名经》云：'法无有比，无相待故。'"

简曰："明喻智慧，暗喻烦恼。修道之人，倘不以智慧照破烦恼，无始生死，凭何出离？"

师曰："烦恼即是菩提，无二无别。若以智慧照破烦恼者，此是二乘见解。羊、鹿等机。上智大根，悉不如是。"

简曰："如何是大乘见解？"

师曰："明与无明，凡夫见二。智者了达，其性无二。无二之性，即是实性。实性者，处凡愚而不减，在贤圣而不增。住烦恼而不乱，居禅定

157

论慧能

而不寂。不断不常，不来不去。不在中间，及其内外。不生不灭，性相如如，常住不迁，名之曰道。"

简曰："师说不生不灭，何异外道？"

师曰："外道所说不生不灭者，将灭止生，以生显灭。灭犹不灭，生说不生。我说不生不灭者，本自无生，今亦不灭，所以不同外道。汝若欲知心要，但一切善恶，都莫思量，自然得入清净心体。湛然常寂，妙用恒沙"。

简蒙指教，豁然大悟。

礼辞归阙，表奏师语。其年九月三日，有诏奖谕师，曰："师辞老疾，为朕修道，国之福田。师若净名，托疾毗耶，阐扬大乘，传诸佛心，谈不二法。薛简传师指授如来知见。朕积善余庆，宿种善根。值师出世，顿悟上乘。感荷师恩，顶戴无已，并奉磨纳袈裟，及水晶钵。"

皇上敕韶州刺史修饰寺宇，赐师旧居为国恩寺焉。

译 文

唐中宗神龙元年正月十五日，太后武则天和唐中宗下诏说："朕曾延请嵩山的慧安和荆南的神秀二师，到宫中接受供养，在日理万机之暇，经常参究一乘佛法。但二位大师推让说：'南方有慧能禅师，密授弘忍大师衣法，传佛心印，可请他到宫中参问。'今派遣宫中内侍官薛简，快速带着诏书迎请慧能大师。愿大师慈悲为怀，迅速赴京。"

慧能大师呈上表章，以疾相辞，愿意终老于山林。

薛简说："京城的禅师大德皆说：'欲要体会佛道，必须坐禅习定。假若不因禅定而得解脱的话，那这是未有的事情。'不知道大师所说的佛法如何？"

　　大师说："佛的大道是由心悟，岂是在于静坐？佛经说：'假若说如来若坐若卧，这是在行邪道。'为什么呢？无所从来，亦无所去，无生无灭，才是如来清净禅。一切空寂，才是如来清净坐。最终的本体都无法可证，何况还是坐禅？"

　　薛简说："弟子回到京城，太后和皇上必然问我。请大师慈悲，指示佛法的心要。我好传奏太后和皇上两宫以及京城修学佛道的人。这譬如一灯点燃了百千灯，黑暗皆变成了光明，光明将无有穷尽。"

　　大师说："道本身并无明暗，明暗是代谢更替的意义。光明无尽，也是有尽。这在于光明和黑暗是相互对待而立的名字，故《净名经》说：'佛法是无法比较的，因为没有事物是与它相对待的。'"

　　薛简说："光明比喻智慧，黑暗比喻烦恼。修道之人倘使不以智慧照破烦恼的话，那他凭什么出离无始无终的生死轮回？"

　　大师说："烦恼即是菩提，不是两种，没有分别。假若人以智慧照破

宋人《燃灯佛授记释迦文图》

论慧能

烦恼的话，那这是声闻和缘觉二乘见解，也等同于坐羊车和坐鹿车人的见解。那些有上等智慧和大乘根器的人，都没有如同这样的见解。"

薛简曰："那如何才是大乘见解？"

大师说："明与无明，凡夫看见它们为二种事物。但智者了达其本性无二分别。无二之性，就是实性。所谓实性，就是它在凡愚之处而不减少，在贤圣之处而不增加，住烦恼中而不散乱，居禅定里而不寂灭。它不断不常，不来不去，不在中间，及其内外。它不生不灭，性相如一，常住不迁，称之为道。"

薛简说："大师说不生不灭，这何异于外道？"

大师说："外道所说的不生不灭，是将毁灭阻止产生，以产生显示毁灭。毁灭实际上还没有毁灭，产生可以说是没有产生。我所说的不生不灭，本来自己就没有产生，今天也就没有毁灭，所以不同于外道所说的不生不灭。你假若要想知道佛法心要，只要一切善恶都不思量，自然就得进入清净心体。它湛然澄明，永常寂静，妙用如同恒沙无限。"

薛简承蒙六祖指教，豁然大悟。

他礼辞大师回归宫阙，表奏了大师的法语。同年的九月三日，朝廷颁布诏书奖谕慧能大师说："大师以年老多疾辞去召请，愿意为朕修道，此是国家的福田。大师如同维摩诘居士，托病居住于毗耶城中，阐扬大乘教义，传授诸佛心

宋人《释迦如来像》

160

印，讲谈不二法门。薛简传达了大师指授的如来知见。朕因为积累善行而有余庆，宿世种下了善根，所以正值大师出世教化，顿悟了上乘佛法。感荷大师恩德，顶戴无已，奉送磨纳袈裟和水晶钵。"

同时，皇上命令韶州刺史修饰庙宇，赐名大师的旧居为国恩寺。

解 析

一、禅定

1.道。道是心灵之道，也就是自性。慧能认为道由心悟，不由身坐。

2.如来。如来是真如而来。佛经说：若言如来若坐若卧，是行邪道。

3.如来禅。无所从来，亦无所去，无生无灭，是如来清净禅。诸法空寂，是如来清净坐。因此，如来禅和如来坐不是有相坐禅，而是无相般若。这就是说，禅不是禅定，而是智慧。

4.究竟无证。学佛要达到证道。最后的证道是以毕竟证为证。所谓毕竟证实无证无无证，也就是明心见性。

二、明暗

1.道无明暗。明是光明，暗是黑暗。它们相互对立，因此是有限的。即使是无限光明也是有限的，这在于它是黑暗的对立面，而有自己的边界。一般将明喻智慧，暗喻烦恼。但道或者自性非明非暗，超出明暗之外。

2.小乘见解。它强调以光明照亮黑暗，也就是以智慧照破烦恼，超离无始生死。

论慧能

3. 大乘见解。慧能认为，明与无明，凡夫见二。智者了达，其性无二。无二之性就是实性。他认为烦恼即是菩提，无二无别。这在于烦恼心和菩提心都是同一心，实性空性。烦恼或菩提就在一念之间。

三、不生不灭

1. 外道。他们所说的不生不灭，是将毁灭阻止产生，以产生显示毁灭。毁灭实际上还没有毁灭，产生可以说是没有产生。这就是在生灭对立之中陷入了生死轮回。

2. 慧能。他所说的不生不灭，它常在，常有，本自无生，今亦不灭，所以不同于外道。当人不思恶、不思善时，就能证入不生不灭的心体，亦即寂静涅槃。

师一日唤门人法海、志诚、法达、神会、智常、智通、志彻、志道、法珍、法如等，曰："汝等不同余人，吾灭度后，各为一方师。吾今教汝说法，不失本宗。

先须举三科法门，动用三十六对，出没即离两边。说一切法，莫离自性。忽有人问汝法，出语尽双，皆取对法。来去相因。究竟二法尽除，更无去处。

三科法门者，阴界入也。阴是五阴：色受想行识是也。入是十二入，外六尘：色声香味触法；内六门：眼耳鼻舌身意是也。界是十八界：六尘、六门、六识是也。自性能含万法，名含藏识。若起思量，即是转识。生六识，出六门，见六尘，如是一十八界，皆从自性起用。自性若邪，起十八邪；自性若正，走十八正。若恶用即众生用，善用即佛用。用由何等，由自性有。

对法：外境无情五对：天与地对，日与月对，明与暗对，阴与阳对，水与火对，此是五对也。

法相语言十二对：语与法对，有与无对，有色与无色对，有相与无相对，有漏与无漏对，色与空对，动与静对，清与浊对，凡与圣对，僧与俗对，老与少对，大与小对，此是十二对也。

自性起用十九对：长与短对，邪与正对，痴与慧对，愚与智对，乱与定对，慈与毒对，戒与非对，直与曲对，实与虚对，险与平对，烦恼与菩提对，常与无常对，悲与害对，喜与嗔对，舍与悭对，进与退对，生与灭

论慧能

对，法身与色身对，化身与报身对，此是十九对也。"

师言："此三十六对法，若解用，即道贯一切经法，出入即离两边。自性动用，共人言语，外于相离相，内于空离空。若全著相，即长邪见。若全执空，即长无明。执空之人有谤经，直言'不用文字'。既云不用文字，人亦不合语言。只此语言，便是文字之相。又云：'直道不立文字'，即此不立两字，亦是文字。见人所说，便即谤他言著文字。汝等须知，自迷犹可，又谤佛经。不要谤经，罪障无数。

若著相于外，而作法求真；或广立道场，说有、无之过患，如是之人，累劫不得见性。但听依法修行，又莫百物不思，而于道性窒碍。若听说不修，令人反生邪念。但依法修行，无住相法施。汝等若悟，依此说，依此用，依此行，依此作，即不失本宗。

若有人问汝义，问有，将无对；问无，将有对；问凡，以圣对；问圣，以凡对。二道相因，生中道义。

如一问一对，余问一依此作，即不失理也。设有人问：何名为暗？答云：明是因，暗是缘。明没则暗，以明显暗，以暗显明。来去相因，成中道义。余问悉皆如此。汝等于后传法，依此转相教授，勿失宗旨。"

师于太极元年壬子，延和七月，命门人往新州国恩寺建塔，仍令促工。次年夏末落成。七月一日，集徒众曰："吾至八月，欲离世间。汝等有疑，早须相问，为汝破疑，令汝迷尽。吾若去后，无人教汝。"

法海等闻，悉皆涕泣。惟有神会，神情不动，亦无涕泣。

师云："神会小师，却得善不善等，毁誉不动，哀乐不生，余者不得。数年山中，竟修何道？汝今悲泣，为忧阿谁？若忧吾不知去处，吾自知去处。吾若不知去处，终不预报于汝。汝等悲泣，盖为不知吾去处。若知吾去处，即不合悲泣。法性本无生灭去来。汝等尽坐，吾与汝说一偈，名曰：《真假动静偈》。汝等诵取此偈，与吾意同。依此修行，不失宗旨。"

众僧作礼，请师作偈。

明·戴进《达摩祖图》（局部）

偈曰：

"一切无有真，不以见于真。

若见于真者，是见尽非真。

若能自有真，离假即心真。

自心不离假，无真何处真？

有情即解动，无情即不动。

若修不动行，同无情不动。

若觅真不动，动上有不动。

不动是不动，无情无佛种。

能善分别相，第一义不动。

但作如是见，即是真如用。

报诸学道人，努力须用意。

莫于大乘门，却执生死智。

若言下相应，即共论佛义。

若实不相应，合掌令欢喜。

此宗本无诤，诤即失道意。

执逆诤法门，自性入生死。"

论慧能

时徒众闻说偈已，普皆作礼。并体师意，各各摄心，依法修行，更不敢诤。乃知大师不久住世。

法海上座，再拜问曰："和尚入灭之后，衣法当付何人？"

师曰："吾于大梵寺说法以至于今，钞录流行，目曰：《法宝坛经》。汝等守护，递相传授，度诸群生。但依此说，是名正法。今为汝等说法，不付其衣。盖为汝等信根淳熟，决定无疑，堪任大事。然据先祖达摩大师《付授偈》意，衣不合传。偈曰：

'吾本来兹土，传法救迷情。

一花开五叶，结果自然成。'"

师复曰："诸善知识！汝等各各净心，听吾说法。若欲成就种智，须达一相三昧，一行三昧。若于一切处而不住相，于彼相中不生憎爱，亦无取舍，不念利益成坏等事，安闲恬静，虚融澹泊，此名一相三昧。若于一切处，行住坐卧，纯一直心，不动道场，真成净土，此名一行三昧。

若人具二三昧，如地有种，含藏长养，成熟其实。一相一行，亦复如是。我今说法，犹如时雨，普润大地。汝等佛性，譬诸种子，遇兹沾洽，悉皆发生。承吾旨者，决获菩提；依吾行者，定证妙果。听吾偈曰：

心地含诸种，普雨悉皆萌。

顿悟华情已，菩提果自成。"

师说偈已，曰："其法无二，其心亦然。其道清净，亦无诸相。汝等慎勿观静及空其心。此心本净，无可取舍。各自努力，随缘好去。"尔时，徒众作礼而退。

大师七月八日，忽谓门人曰："吾欲归新州，汝等速理舟楫。"大众哀留甚坚。

师曰："诸佛出现，犹示涅槃。有来必去，理亦常然。吾此形骸，归必有所。"

众曰："师从此去，早晚可回。"

师曰:"叶落归根,来时无口。"

又问曰:"正法眼藏,传付何人?"

师曰:"有道者得,无心者通。"

又问:"后莫有难否?"

师曰:"吾灭后五六年,当有一人来取吾首。听吾记曰:

'头上养亲,口里须餐。

遇满之难,杨柳为官。'"

又云:"吾去七十年,有二菩萨从东方来,一出家,一在家。同时兴化,建立吾宗,缔缉伽蓝,昌隆法嗣。"

问曰:"未知从上佛祖应现已来,传授几代?愿垂开示。"

师云:"古佛应世,已无数量,不可计也。今以七佛为始。过去庄严劫毗婆尸佛,尸弃佛,毗舍浮佛;今贤劫拘留孙佛,拘那含牟尼佛,迦叶佛,释迦文佛,是为七佛。

释迦文佛首传第一,摩诃迦叶尊者;第二,阿难尊者;第三,商那和修尊者;第四,优波

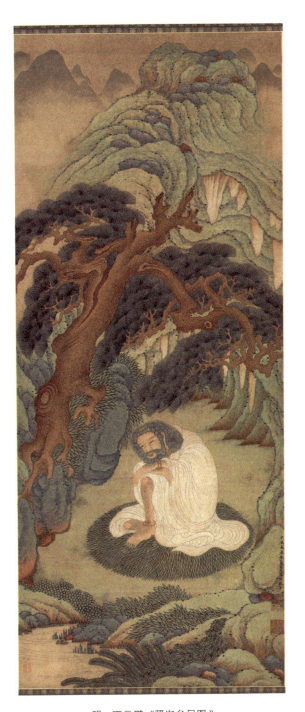

明·丁云鹏《释迦牟尼图》

167

论慧能

鞠多尊者；第五，提多迦尊者；第六，弥遮迦尊者；第七，婆须蜜多尊者；第八，佛驮难提尊者；第九，伏驮蜜多尊者；第十，胁尊者；第十一，富那夜奢尊者；第十二，马鸣大士；第十三，迦毗摩罗尊者；第十四，龙树大士；第十五，迦那提婆尊者；第十六，罗睺罗多尊者；第十七，僧伽难提尊者；第十八，伽耶舍多尊者；第十九，鸠摩罗多尊者；第二十，阇耶多尊者；第二十一，婆修盘头尊者；第二十二，摩拏罗尊者；第二十三，鹤勒那尊者；第二十四，师子尊者；第二十五，婆舍斯多尊者；第二十六，不如蜜多尊者；第二十七，般若多罗尊者；第二十八，菩提达摩尊者（此土是为初祖）；第二十九，慧可大师；第三十，僧璨大师；第三十一，道信大师；第三十二，弘忍大师；慧能是为三十三祖。

从上诸祖，各有禀承。汝等向后，递代流传，毋令乖误。"

大师先天二年癸丑岁，八月初三日于国恩寺斋罢，谓诸徒众曰："汝等各依位坐，吾与汝别。"

法海白言："和尚留何教法，令后代迷人，得见佛性？"

师言："汝等谛听。后代迷人，若识众生，即是佛性；若不识众生，万劫觅佛难逢。吾今教汝识自心众生，见自心佛性。欲求见佛，但识众生。只为众生迷佛，非是佛迷众生。自性若悟，众生是佛；自性若迷，佛是众生。自性平等，众生是佛；自性邪险，佛是众生。汝等心若险曲，即佛在众生中；一念平直，即是众生成佛。我心自有佛，自佛是真佛。自若无佛心，何处求真佛？汝等自心是佛，更莫狐疑。外无一物而能建立，皆是本心生万种法。故经云：'心生种种法生，心灭种种法灭。'

吾今留一偈，与汝等别，名《自性真佛偈》。后代之人，识此偈意，自见本心，自成佛道。偈曰：

真如自性是真佛，邪见三毒是魔王。

邪迷之时魔在舍，正见之时佛在堂。

性中邪见三毒生，即是魔王来住舍。

正见自除三毒心，魔变成佛真无假。

法身报身及化身，三身本来是一身。

若向性中能自见，即是成佛菩提因。

本从化身生净性，净性常在化身中。

性使化身行正道，当来圆满真无穷。

淫性本是净性因，除淫即是净性身。

性中各自离五欲，见性刹那即是真。

今生若遇顿教门，忽悟自性见世尊。

若欲修行觅作佛，不知何处拟求真。

若能心中自见真，有真即是成佛因。

不见自性外觅佛，起心总是大痴人。

顿教法门今已留，救度世人须自修。

报汝当来学道者，不作此见大悠悠。”

师说偈已，告曰："汝等好住，吾灭度后，莫作世情悲泣雨泪，受人吊问。身著孝服，非吾弟子，亦非正法。但识自本心，见自本性，无动无静，无生无灭，无去无来，无是无非，无住无往。恐汝等心迷，不会吾意，今再嘱汝，令汝见性。吾灭度后，依此修行，如吾在日。若违吾教，纵吾在世，亦无有益。复说偈曰：

兀兀不修善，腾腾不造恶。

寂寂断见闻，荡荡心无著。”

师说偈已，端坐至三更，忽谓门人曰："吾行矣。"奄然迁化。于时异香满室，白虹属地。林木变白，禽兽哀鸣。

十一月，广、韶、新三郡官僚泊门人僧俗，争迎真身，莫决所之。乃焚香祷曰："香烟指处，师所归焉。"时，香烟直贯曹溪。十一月十三日，迁神龛并所传衣钵而回。

次年七月二十五日出龛，弟子方辩，以香泥上之。门人忆念取首之

论慧能

记，遂先以铁叶漆布，固护师颈入塔。忽于塔内，白光出现，直上冲天，三日始散。韶州奏闻，奉敕立碑，纪师道行。

师春秋七十有六，年二十四传衣，三十九祝发，说法利生三十七载。得旨嗣法者，四十三人。悟道超凡者，莫知其数。达摩所传信衣，中宗赐磨纳、宝钵，及方辩塑师真相并道具等，永镇宝林道场。流传《坛经》，以显宗旨。此皆兴隆三宝，普利群生者。

译　文

一天，慧能大师召唤门人法海、志诚、法达、神会、智常、智通、志彻、志道、法珍、法如等，说："你们不同于其他的人，我灭度以后，你们要各为一方的宗师。我今天教你们如何说法，才不失本宗的根本。

你们说法时，先要列举出三科法门，运用三十六对相对法，言语出没离开两边，说一切法时不要离开自性。假若忽然有人问你们法，回答时出语都要成双，都要取对法，彼此来去相为因果。最后将对立二法全部除掉，再无任何去处。

所谓三科法门，就是阴界入。阴是五阴，即色受想行识。入是十二入，外有六尘：色声香味触法；内有六门：眼耳鼻舌身意。界是十八界：六尘、六门、六识。自性能包含万法，叫着含藏识。假若起了思量，就是转识。人由转识生六识，出六门，见六尘，如此的一十八界，都是从自性生起作用。自性假若邪，就生起十八邪；自性假若正，就生起十八正。假若它恶用就是众生用，善用就是佛用。善用或恶用是由何而来呢，是由自性而来。

所谓相对的诸法，其中外境无情的方面有五对：天与地对，日与月对，明与暗对，阴与阳对，水与火对，这就是五对。

170

法相、语言的方面有十二对：语与法对，有与无对，有色与无色对，有相与无相对，有漏与无漏对，色与空对，动与静对，清与浊对，凡与圣对，僧与俗对，老与少对，大与小对，这就是十二对。

自性中生起的作用方面有十九对：长与短对，邪与正对，痴与慧对，愚与智对，乱与定对，慈与毒对，戒与非对，直与曲对，实与虚对，险与平对，烦恼与菩提对，常与无常对，悲与害对，喜与嗔对，舍与悭对，进与退对，生与灭对，法身与色身对，化身与报身对，这是十九对。"

大师说："这三十六相对法，假若能理解运用，就能使道贯穿一切经法，出入就能离开两边。假若自性启动作用，当与他人言谈时，人就能外于相离相，内于空离空。假若全著相，人就会长邪见。假若全执空，人就会长无明。执著于空的人毁谤佛经，直言'不用文字'。既然说不用文字，人也不该有语言。只是这个语言就是文字之相。他们又说'直修佛道可以不立文字'，就是这个'不立'两字也是文字。他们看见他人所说，就即刻诽谤他人的言语执著于文字。你们须知，自己迷误犹可，但还要诽谤佛经。不要诽谤佛经，这将导致罪障无数。

假若著相于外，而作有为法而求取真道，或广立道场，说有、无的过患，像这样的人累劫不可见性。他们要听从且依法修行，但又不要百物不思，而这只会阻滞道性。假若他们只是听说不修，反而令人生起邪念。只有依法修行，不要住相布法。你们假若觉悟，依此说，依此用，依此行，依此作，也就不失本宗的根本。

假若有人问你们佛法的意义，问有，将无对；问无，将有对；问凡，以圣对；问圣，以凡对。你们将两个方面互为因果，就生出了离开两边的中道义。

如此这般一问一对，其余的问题也一概依此而作，也就不失中道的道理了。假设有人问：何名为暗？回答说：明是因，暗是缘。明没则暗，以明显暗，以暗显明。来去相因，成中道义。其余的问题也完全如此回答。

论慧能

你们以后传法，依此相互教授，不要失去了本门的宗旨。"

慧能大师在唐睿宗太极元年，即壬子年，也就是延和元年的七月，命令门人弟子前往新州国恩寺建塔，还命令人催促完工。塔于第二年夏末终于落成。七月一日，大师召集徒众说："我到八月欲离开世间。你们要是有疑问的话，须要早点问我，我好为你们破除疑问，让你们迷惑尽除。我假若去世以后，没有人教你们。"

法海等人听闻后，全部痛哭流涕。惟有神会神情不动，也没有涕泣。

大师说："神会虽是小师，但懂得善不善同等，毁誉不动，哀乐不生，其余的人却不懂得。你们数年山中都修的什么道？你们现在悲泣，为谁忧愁？假若忧虑不知我的去处，我自知我的去处。我假若不知去处，最终是不会预报给你们的。你们悲泣，是因为不知道我的去处。假若知道我的去处，也就不应该悲泣。法性本来无生灭无去来。你们都坐下来，我给你们说一偈颂，它的名字为：《真假动静偈》。你们要诵取此偈颂，就能与我的心意相同。你们依此修行，就不会失去本宗的宗旨。"

所有的僧人向六祖作礼，请大师作偈颂。偈颂说：

"一切无有真，不以见于真。

若见于真者，是见尽非真。

若能自有真，离假即心真。

自心不离假，无真何处真？

有情即解动，无情即不动。

若修不动行，同无情不动。

若觅真不动，动上有不动。

不动是不动，无情无佛种。

能善分别相，第一义不动。

但作如是见，即是真如用。

报诸学道人，努力须用意。

172

莫于大乘门，却执生死智。

若言下相应，即共论佛义。

若实不相应，合掌令欢喜。

此宗本无诤，诤即失道意。

执逆诤法门，自性入生死。"

当时众门徒闻说大师的偈颂后，全皆作礼。他们并且体会大师的意思，各各收摄自心，依法修行，再不敢争论了。

由于知道了大师不久住世，法海上座于是再次礼拜大师问道："和尚入灭之后，衣法应传付给什么人？"

大师说："我在大梵寺说法，至到今日说法，都已经被抄录流行，其名为：《法宝坛经》。你们好好守护，相互传授，度一切群生。只要依此说法，就是正法。今为你们说法，但不再付衣钵。这是因为你们信根淳熟，决定无疑，堪任弘法大事。但是根据先祖达摩大师《付授偈》的意思，衣钵不应再传。偈颂说：

吾本来兹土，传法救迷情。

一花开五叶，结果自然成。"

大师又说："诸位善知识！你们要各自清净心念，听我说法。你们假若要成就佛的种智，就必须达到一相三昧和一行三昧。假若人在一切处所而不住相，并在其相中不生憎爱，也无取舍，不念利益成坏等事，安闲恬静，虚融澹泊，这就叫着一相三昧。假若人在一切处所，行住坐卧，纯一直心，不动道场，真成净土，这就叫着一行三昧。

假若人具备了这二种三昧，就如同田地里播有种子，经过含藏长养的过程，最后达到其果实成熟。一相三昧和一行三昧，也是如此。我今所说的佛法，犹如及时雨，普润大地。你们的佛性，譬如一切种子，遇到这雨水的滋润，都能发芽生长。继承我的宗旨的人，一定能获得菩提；依照我的修行的人，肯定能证悟妙果。听我的偈颂说：

论慧能

心地含诸种，普雨悉皆萌。

顿悟华情已，菩提果自成。"

大师说完偈颂，说："佛法没有二法，自心也是如此。佛道清净，没有一切相状。你们要慎重，不要观静，也不要空心；此心本净，无可取舍，各自努力，随缘好去。"

当时，众门徒作礼而退。

七月八日，慧能大师突然对门人说："我要回新州，你们要快速办理舟船。"大众非常坚决地哀请大师留下。

大师说："诸佛出现于世，还显示涅槃。有来必有去，这是永恒的道理。我此形骸，也要回归其所。"

大众说："大师从此去后，早晚可回来？"

大师说："叶落归根，来时本无口说法。"

大众又问道："正法眼藏，传付给什么人？"

大师说："有道者得，无心者通。"

大众又问："以后不会有难吧？"

大师说："我灭度后五六年，会有一人来取我的首级。且听我的预记：

头上养亲，口里须餐。

遇满之难，杨柳为官。"

大师又说："我离世七十年后，有二位菩萨从东方来，其中一个是出家的，另一个是在家的。他们同时兴化佛教，建立本宗，修建庙宇，昌隆法嗣。"

大众问道："不知道从最初佛祖应现于世以来，传授了几代？希望大师开示。"

大师说："古佛应现于世，已无数量，不可计算。现在只以七佛作为开始。过去庄严劫时有：毗婆尸佛，尸弃佛，毗舍浮佛；今贤劫时有：拘留孙佛，拘那含牟尼佛，迦叶佛，释迦文佛，这就是所说的七佛。

释迦文佛首传第一，摩诃迦叶尊者；第二，阿难尊者；第三，商那和修尊者；第四，优波鞠多尊者；第五，提多迦尊者；第六，弥遮迦尊者；第七，婆须蜜多尊者；第八，佛驮难提尊者；第九，伏驮蜜多尊者；第十，胁尊者；第十一，富那夜奢尊者；第十二，马鸣大士；第十三，迦毗摩罗尊者；第十四，龙树大士；第十五，迦那提婆尊者；第十六，罗睺罗多尊者；第十七，僧伽难提尊者；第十八，伽耶舍多尊者；第十九，鸠摩罗多尊者；第二十，阇耶多尊者；第二十一，婆修盘头尊者；第二十二，摩拏罗尊者；第二十三，鹤勒那尊者；第二十四，师子尊者；第二十五，婆舍斯多尊者；第二十六，不如蜜多尊者；第二十七，般若多罗尊者；第二十八，菩提达摩尊者（中国的初祖）；第二十九，慧可大师；第三十，僧璨大师；第三十一，道信大师；第三十二，弘忍大师；慧能能是第三十三祖。

以上所说的诸位祖师，都各有所禀承。你们以后要世代流传，不要有误。"

唐玄宗先天二年，亦即癸丑岁，八月初三，慧能大师在国恩寺用过斋罢饭，告诉所有徒众说："你们各依位坐下，我与你们告别。"

法海说："和尚留下什么教法，好让后代迷人，得以见到佛性？"

大师说："你们谛听。后代的迷人，假若认识众生，就是见到了佛性；假若不识众生，就是永远觅佛也难逢见。我现在教你们认识自心众生，见到自心佛性。人欲求见佛，只要识见众生。只是因为众生迷失佛，非是因为佛迷失众生。自性假若觉悟，众生就是佛；自性假若迷误，佛就是众生。人的自性平等，众生就是佛；自性邪险，佛就是众生。你们的心里假若险曲，就是佛在众生之中；一念假若平直，就是众生成佛。我的本心自有佛，自性佛才是真佛。自己假若无佛心，何处求得真佛？你们的自心就是佛，不要再狐疑。自心之外无一物而能建立，都是本心生万种法。故佛经说：'心生种种法生，心灭种种法灭。'

论慧能

我今天留下一偈颂，与你们告别，它名叫《自性真佛偈》。后代的人假若认识了此偈的意思，就能自见本心，自成佛道。

偈颂说：

真如自性是真佛，邪见三毒是魔王。

邪迷之时魔在舍，正见之时佛在堂。

性中邪见三毒生，即是魔王来住舍。

正见自除三毒心，魔变成佛真无假。

法身报身及化身，三身本来是一身。

若向性中能自见，即是成佛菩提因。

本从化身生净性，净性常在化身中。

性使化身行正道，当来圆满真无穷。

淫性本是净性因，除淫即是净性身。

性中各自离五欲，见性刹那即是真。

今生若遇顿教门，忽悟自性见世尊。

若欲修行觅作佛，不知何处拟求真。

若能心中自见真，有真即是成佛因。

不见自性外觅佛，起心总是大痴人。

顿教法门今已留，救度世人须自修。

报汝当来学道者，不作此见大悠悠。"

大师说完偈颂，告诉大家："你们好住世间，我灭度后，不要作世情悲泣雨泪，接受他人的吊问。你们要是身著孝服，就不是我的弟子，也不是正法。只要识自本心，就能见自本性，它无动无静，无生无灭，无去无来，无是无非，无住无往。恐你们心迷，不能领会我的意思，因此今再嘱咐你们，令让你们见性。我灭度后，你们依此修行，就如同我在世的日子。假若违背我的教导，纵使我在世，也无益处。"

大师又说偈颂：

"兀兀不修善，腾腾不造恶。

寂寂断见闻，荡荡心无著。"

大师说完偈颂，端坐到三更时分，忽然对门人弟子说："我走了。"他瞬间辞世。当时异香满室，白虹连属大地，林木变成白色，禽兽哀鸣。

十一月，广州、韶州和新州三郡的官僚及门人、僧俗，争相迎请六祖的真身，无法决定该去何处。于是他们焚香祷告说："香烟所指的处所，就是大师所归的地方。"当时，香烟直贯曹溪。十一月十三日，人们迁移六祖真身的神龛和所传衣钵而回到韶州。

第二年七月二十五日，六祖真身出龛。弟子方辩用香泥涂上六祖的真身。这时，门人弟子忆念起有人要盗取首级的预记，于是先用铁叶和漆布固护大师的颈项，然后入塔。忽然在塔内有白光出现，直上冲天，三日才消散。韶州刺史将六祖事迹奏闻朝廷，并奉皇上之命立碑纪念大师的道行。

大师享年七十六岁，二十四岁传受衣钵，三十九岁剃头受戒，讲说佛法利益群生三十七年。大师弟子中得旨嗣法的，有四十三人。悟道超凡的，就不知其数。达摩所传信衣，中宗所赐磨纳宝钵及方辩所塑大师的真相，

清人《阿弥陀佛》唐卡

论慧能

还有大师所用的道具等，永远镇守在宝林寺道场。流传的《坛经》，用以
彰显顿教宗旨，兴隆佛法僧三宝，普遍利益众生。

解　析

一、授法

慧能给弟子授法的关键有三：第一，佛法基础；第二，中道；第三，
自性。

1.佛法基础。这主要是三科法门，亦即阴、界、入。它是佛教关于世
界（色法和心法）基本学说。

2.中道。这要求消除二边，显示中道。但其究竟是：两边不存，中道
不立。

3.自性。一切万法不离自性，故用自性说明一切万法。

二、三科法门

1.阴。它是五阴，也称五蕴。阴和蕴是聚集。五阴包括了色受想行
识。其中，色是有形物质；受是心对于物的感受；想是心对于物的想象；
行是心对于物的行为；识是心对于物的识别。

2.入。它是十二入，也称十二处。入是进入，是根尘互入而生成认
识。十二入包括外六尘和内六根（门）。外六尘是色声香味触法，内六门
是眼耳鼻舌身意。

3.界。它是十八界。界是差别，界别。十八界为六尘、六门、六识而
构成。

4.自性。它生成世界万法。自性因为包藏一切万法，所以名含藏识。它若起思量，即是转识。生六识，出六门，见六尘，生成一十八界。自性在根本上规定了三科。自性若邪，世界则邪；自性若正，世界则正。

三、三十六对

1.外境无情。此指自然现象。它共五对：天与地对，日与月对，明与暗对，阴与阳对，水与火对。

2.法相语言。此指一切法的现象及其语言表达。它共十二对：语与法对，有与无对，有色与无色对，有相与无相对，有漏与无漏对，色与空对，动与静对，清与浊对，凡与圣对，僧与俗对，老与少对，大与小对。

3.自性起用。此指自性生起的诸法的特性。它十九对：长与短对，邪与正对，痴与慧对，愚与智对，乱与定对，慈与毒对，戒与非对，直与曲对，实与虚对，险与平对，烦恼与菩提对，常与无常对，悲与害对，喜与嗔对，舍与悭对，进与退对，生与灭对，法身与色身对，化身与报身对。

4.离相离空。慧能强调。说法要基于自性，外于相离相，内于空离空。既不可全著相而生邪见，也不可全著空生无明。他具体说明，既不可不立文字（住空），也不可广立道场（住相）。

四、中道义

慧能传授了破除相对而立中道义的方法，亦即空有双运，以空破有，以有破空。

1.凡是有人提出二元对立中的某的一面时，就以其对立的另一面而破除。

2.二元对立中的某一面是由另一面才形成的，同时，另一面也是由某一面而形成的。它们相互依存。

　　3.离开二元对立的两边，就能成中道义。但两边不存，中道不立。

五、慧能《真假动静偈》之一

　　一切无有真，不以见于真。

　　若见于真者，是见尽非真。

　　1.一切无有真，不以见于真。一切万法不是真实的。凡所有相，皆是虚妄。因此，不可把虚妄的万法看作真实。

　　2.若见丁真者，是见尽非真。假若将万法看成真实的话，那么这种见解完全就不是真实的。

六、慧能《真假动静偈》之二

　　若能自有真，离假即心真。

　　自心不离假，无真何处真？

　　1.若能自有真，离假即心真。假若人能够自性获得真实，离去假象就可以获得自心的真实。

　　2.自心不离假，无真何处真？假若自心不离开假象的话，那么它自身没有真实，而何处有真实呢？

七、慧能《真假动静偈》之三

　　有情即解动，无情即不动。

　　若修不动行，同无情不动。

　　1.有情即解动，无情即不动。有情众生就会解动，无情万物才会不动。

2.若修不动行，同无情不动。假若修不动行，如长坐不卧之禅定，就如同无情之物而不动。

八、慧能《真假动静偈》之四

若觅真不动，动上有不动。

不动是不动，无情无佛种。

1.若觅真不动，动上有不动。假若寻觅自心真正的不动的话，那么就应该是动上有不动。这就是动中有静，动静一如。

2.不动是不动，无情无佛种。长坐的不动就是身体的不动，它如同无情之物，也没有佛性的种子。无情之物是没有佛性的，只有有情众生中的人才有佛性。

九、慧能《真假动静偈》之五

能善分别相，第一义不动。

但作如是见，即是真如用。

1.能善分别相，第一义不动。一方面，人能善于分别一切法相，应对万事万物；另一方面，人能安定于第一原则，也就是自心自性。

2.但作如是见，即是真如用。只要作如此的见解，就是真如的运用。

十、慧能《真假动静偈》之六

报诸学道人，努力须用意。

莫于大乘门，却执生死智。

论慧能

1. 报诸学道人，努力须用意。告诉各位学道修佛的人，必须一心一意地努力修行。

2. 莫于大乘门，却执生死智。你们不要在大乘顿教的门下，而执着于生死轮回的见解。这在于大乘顿教已经超离了生死轮回。

十一、慧能《真假动静偈》之七

若言下相应，即共论佛义。

若实不相应，合掌令欢喜。

1. 若言下相应，即共论佛义。假若与人言语相应契合的话，那么就与他共同讨论佛法的教义。

2. 若实不相应，合掌令欢喜。假若与人不相应契合的话，那么就合掌表示敬意，而让对方生欢喜之心。

十二、慧能《真假动静偈》之八

此宗本无诤，诤即失道意。

执逆诤法门，自性入生死。

1. 此宗本无诤，诤即失道意。此顿教宗门本来无争，争论就失去了佛道的真义。这在于自心无生无灭，何处有争？

2. 执逆诤法门，自性入生死。假若固执违逆争论的法门的话，那么人的自性就进入了生死轮回。这在于有争论就有嗔恨，有嗔恨就会退失无生法忍，也就进入了生死轮回。

十三、达摩的偈颂

吾本来兹土，传法救迷情。

一花开五叶，结果自然成。

1.吾本来兹土，传法救迷情。我的本意是来到这片国土，传授佛法救度迷惑的有情众生。

2.一花开五叶，结果自然成。一朵花开生出五片绿叶，菩提道果自然成就。一花是达摩自己。五叶是慧可、僧璨、道信、弘忍、慧能。也有人说五叶是临济、曹洞、沩仰、云门、法眼五宗。但依照文本语境应是达摩后的禅宗五代祖师，而不是禅宗的五个宗派。

十四、三昧

1.种智。这是佛的一切种智。二乘只有一切智，而无一切种智。佛知道万法，故有一切种智。

2.一相三昧。人不执着于一切法相，而定于平等无差别的真如。此不是定于一相，而是定于无相。

3.一行三昧。人的行为（身语意三业），于一切处保持纯一直心。此不是定于一行，而是定于无住。

4.二三昧。一相三昧和一行三昧并非一般意义的禅定，而是般若，亦即明心见性的智慧。这两种三昧就是成就佛的种智的种子。

十五、慧能的偈颂

心地含诸种，普雨悉皆萌。

顿悟华情已，菩提果自成。

论慧能

1. 心地含诸种，普雨悉皆萌。人的心地包含诸佛的法种，当普获法雨时就会全部萌芽。

2. 顿悟华情已，菩提果自成。当人顿悟后，智慧的花朵开放完满了，菩提的果实自然就会成熟。

十六、法与心

1. 法。佛法无二。

2. 心。自心无二。不可住相，也不可住空。

3 法与心。心即是法，法即是心。

十七、有道和无心

1. 有道者得。有道者是有佛道者，是无妄心者，他可以获得佛法。

2. 无心者通。无心者是无妄心者，是有佛道者。他可以通达佛法。

十八、众生与佛

1. 众生。他是迷误者。

2. 佛。他是觉悟者。

3. 自性。自性若悟，众生是佛；自性若迷，佛是众生。

十九、慧能的《自性真佛偈》之一

真如自性是真佛，邪见三毒是魔王。

邪迷之时魔在舍，正见之时佛在堂。

1. 真如自性是真佛。真如即自性，自性即真如。真如自性是人的佛性。它才是真正的佛。其他的所谓的佛都是假佛。

2. 邪见三毒是魔王。邪见不是正见，三毒是贪嗔痴。它们是侵害佛道的魔鬼。

3. 邪迷之时魔在舍。当人处于邪见迷惑之时，魔鬼就会来到人的心舍。

4. 正见之时佛在堂。当人获得正见觉悟之时，佛道就会来到人的心堂。

二十、慧能的《自性真佛偈》之二

性中邪见三毒生，即是魔王来住舍。

正见自除三毒心，魔变成佛真无假。

1. 性中邪见三毒生，即是魔王来住舍。人的自性中生起邪见和贪嗔痴三毒，这就是魔王来住心舍。

2. 正见自除三毒心，魔变成佛真无假。人的正见自身除去了贪嗔痴三毒心，魔王就真的而不是假的变成了佛。

魔佛不二，都源于自性。其差异只是自性的迷悟而已。

二十一、慧能的《自性真佛偈》之三

法身报身及化身，三身本来是一身。

若向性中能自见，即是成佛菩提因。

1. 法身报身及化身，三身本来是一身。法身报身及化身是佛的三身，它们本来就是一身，也就是从自性而来。

2. 若向性中能自见，即是成佛菩提因。假若人能从自性中自见三身本

论慧能

一身的话，那么这就是成佛的菩提智慧的原因。

三身源于自性。

二十二、慧能的《自性真佛偈》之四

本从化身生净性，净性常在化身中。

性使化身行正道，当来圆满真无穷。

1.本从化身生净性。佛从化身而生自性清净的法身。

2.净性常在化身中。清净自性的法身常在化身之中。

3.性使化身行正道。清净的法身是根本，故能使化身行走正道。

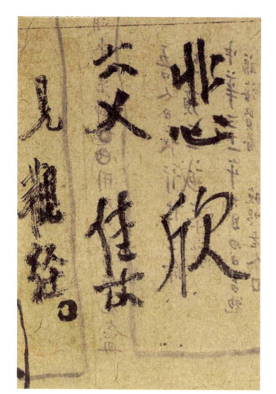

弘一法师《悲欣交集》

4.当来圆满真无穷。当化身行走正道，所实现的报身就会圆满无穷尽。

三身一体。

二十三、慧能的《自性真佛偈》之五

淫性本是净性因，除淫即是净性身。

性中各自离五欲，见性刹那即是真。

1.淫性本是净性因。人的淫性，也就是贪嗔痴，本是源于人的清净的自性。

2.除淫即是净性身。当人除去淫性时，他就显露了自性清净身。

3. 性中各自离五欲。在人的自性中，各自离开五欲，即声色香味触。

4. 见性刹那即是真。见性的瞬间就获得了真性，也就是明心见性，顿悟成佛。

二十四、慧能的《自性真佛偈》之六

今生若遇顿教门，忽悟自性见世尊。

若欲修行觅作佛，不知何处拟求真。

1. 今生若遇顿教门，忽悟自性见世尊。今生假若遇到顿教法门，就会忽然觉悟自性见到世尊。这在于人的自性就是本然的佛。

2. 若欲修行觅作佛，不知何处拟求真。假若修行向外驰求寻觅作佛的话，那么不知何处可以获求真道。这是因为自性即佛，舍弃自性别无是处。

二十五、慧能的《自性真佛偈》之七

若能心中自见真，有真即是成佛因。

不见自性外觅佛，起心总是大痴人。

1. 若能心中自见真，有真即是成佛因。假若能在心中自己见到真性，这一真性就是成佛的因由。

2. 不见自性外觅佛，起心总是大痴人。不能向内明心见性而向外寻觅佛，起此妄念就是大痴人。

二十六、慧能的《自性真佛偈》之八

顿教法门今已留，救度世人须自修。

论慧能

报汝当来学道者，不作此见大悠悠。

1.顿教法门今已留，救度世人须自修。明心见性的顿教法门现在已经留给世间，大家要救度世人的话，必须自己修行。

2.报汝当来学道者，不作此见大悠悠。你们要报告当来的修学佛道的人，不作此明心见性的见地实在是荒废时光了。

二十七、慧能的告别偈颂

兀兀不修善，腾腾不造恶。

寂寂断见闻，荡荡心无著。

1.兀兀不修善，腾腾不造恶。兀兀是不动。腾腾是无为。人既不修善，也不造恶，超出善恶之外。

2.寂寂断见闻，荡荡心无著。寂寂是安静。荡荡是平坦。人既不住相，也不住空，无相无念无住。

第二部分

《坛经》论述

在道家和儒家之后，中国历史又产生了以慧能的《坛经》为代表的伟大的禅宗智慧。

但汉地为何在原始儒家和道家之后接受了佛教？这是因为中国人对于一种不同于儒道思想的新的智慧充满了兴趣。智慧是关于人及其生活世界的认识，是关于存在的真理的言说。对于生活世界，虽然人们有多种描述和分类，但一般可以分成自然、社会和心灵三个方面。尽管儒道思想对于这三个方面都有不同程度的涉及，但它们仍有自己的重点。众所周知，原始儒家的主题是社会，原始道家的主题是自然。这也就是说，心灵在原始儒家和道家思想中并没有主题化。但人是一个有心灵的存在者。人们除了对于自然和社会把握之外，还渴求对于心灵自身的深入探求。心灵的本性是什么？它是如何作用人的存在及其世界的？这是需要人们追问的问题。正好印度佛教本身就是一种心灵的宗教，它已经提供了关于心灵的系统的思考。自传入中国之后，它就广被人们所接纳。

佛教在汉代就已经引入了中国。先是小乘佛教，后是大乘佛教。但大乘成为了中国千年佛教思想的主体。为什么中国思想主要接受的不是小乘，而是大乘？这一直是一个饶有兴味的问题。一般认为，汉地本身就具有大乘气象。所谓小乘之人只是追求自身解脱，达到罗汉果位。而大乘之人却能自觉觉人，愿意普度众生，达到菩萨境界。这种大乘思想的确在中国的儒道思想中已经得到了充分表达。如儒家的仁爱天下、道家的泛爱众物等。因此，从儒道思想出发，中国人很容易接受大乘佛教思想，宣传菩萨精神。

当然，大乘佛教在汉地的传播经历了一个过程。首先是空宗的介绍，然后才是有宗的弘扬。不管是空宗，还是有宗，中国人的佛教实践主要是

论慧能

采取了两种途径。其一，是读经。它是对于印度佛教经典的翻译、理解和阐释。当然，中国对于印度思想的把握不可避免地先行具有一种解释学的先见，用中国已有的语词和思想去理解印度佛学。在对于佛经的阅读过程中，人们不乏对于佛教基本教义进行各种不同的解释，由此形成了不同的派别。其二，是禅定。一般认为，没有禅定，便没有觉悟可言。因此，禅定不仅是获得智慧的必要手段，而且是开启智慧的唯一途径。

禅宗作为佛教的一个派别，当然承认和接受了印度佛教的基本教义。这个教义的核心就是般若智慧的心色如一和空有不二。禅宗不仅认为自身是大乘佛教的一个宗派，而且还将自己的源头直接追溯到佛祖释迦牟尼那里。"世尊在灵山会上拈花示众。是时，众皆默然。唯迦叶尊者破颜为笑。世尊曰：吾有正法眼藏、涅槃妙心、实相无相、微妙法门、不立文字、教外别传、乃嘱摩诃迦叶。"[①] 这也许只是一个美丽的传说。但这表明禅宗并非不是佛教，而是一个正宗的佛教派别，与佛祖的正统的思想一脉相承。佛祖在佛教的开端处就主张以心传心，唯论明心见性。而禅宗作为佛教后来历史上的一个派别，不过是将佛祖已有的思想发扬光大了。禅宗凸显了心的本性力量，故称为佛心宗或者心宗。

但禅宗有别于一般的印度佛教。与印度佛教的基本教义相比，禅宗去掉了其神秘性和思辨性，成为了一种生活世界的智慧。不仅如此，禅宗也不同于一般中国的佛教。唯识宗主要深入细致地论述了人的意识如何产生和迷误，同时人又如何转识成智。天台宗倡导圆顿止观去体悟事物的即空即假即中，亦即圆融三谛。华严宗则显示了觉悟者已经证悟的如来藏清净体。与它们不同，禅宗凸显的是个体的心灵在瞬间中直接了悟自身的本性。此外，唯识等宗虽然是中国的佛教，但还具有浓郁的印度色彩。与之迥异，禅宗是中国对于印度佛教最具创造性解释后的独特产物。它融合了

---

① 普济：《五灯会元》卷一，中华书局 1984 年版。

儒家和道家的思想，适应了中国人独特的生存、思考和言说方式。因此，禅宗既是正统的佛教派别，也是典型的中国智慧。

也正是如此，禅宗弥补了中国精神结构中的缺失，丰富了心灵的维度。在禅宗产生之后，中国思想的主干就是儒道禅三家。于是，不再是儒道互补，而是儒道禅互补。这才有人们所说的据于儒、依于道和逃于禅的存在方式。一个人可以同时兼修儒道禅三种，也可以只是专修其中之一。禅宗显然开辟了一个新的精神空间。人们不仅能够生存于世间之内，而且可以既在世间之内，又超出世间之外。其神奇之处在于，人能够即世间而超世间，以出世来入世。

但禅宗在中国的发展经历了一个过程。

自汉代佛教传入中国以来，禅定作为佛教的戒定慧三学之一已经得到了广泛的传播。小乘和大乘的各种禅定法门均被研究和实践。但禅宗的真正的准备阶段是从南朝的达摩东来。作为禅宗的初祖，他凸显了禅定在佛教修行中的特别作用。不过，真正意义的禅宗是由唐朝的慧能创立的。正是他将禅作为禅定之禅变为了智慧之禅。禅由此不再是解脱的法门，而是存在的智慧。

其后唐宋的禅宗发展为五家七宗，主要有临济和曹洞等。虽然它们在思想上也有所创新，但主要是在接引学人方面建立了自己的门庭施设。同时，禅宗还相继出现了文字禅、默照禅、看话禅，其法门越来越丰富，越来越多样。最值得重视的是，一方面，禅宗不仅吸收了儒道的思想，而且也包容了其他的佛教派别，由此出现了禅净双修、禅净密合一；另一方面，禅渗透到人的整个生活世界和精神领域，影响到人的方方面面。

但就整个禅宗历史而言，其根本性的智慧主要凝聚在慧能的《坛经》之中。《坛经》在历史上有众多版本。但其中最早的版本为敦煌本，最流传的版本为宗宝本。宗宝本显然不是慧能一人的言说，而是禅宗历史上众多智者的言说。可以说，宗宝本《坛经》是禅宗历史集体智慧的结晶。此

论慧能

外，它在解释学上具有最广泛的接受史和效果史。

慧能的禅宗既不倡导片面的读经，也不主张单一的禅定。因此，禅宗之禅不是禅定之禅，而是智慧之禅。在这样的意义上，禅宗是中国佛教史和思想史上的一次伟大的创新。但创新并不意味着绝对地抛弃过去，不如说，它是对于过去的回归。但回归不是对于过去的简单的重复，而是对于过去的转化和创新。对于慧能而言，那个过去的传统既包括了印度佛教的空宗和有宗，也包括了中国的儒道思想。

禅宗首先直接继承了如来藏系的佛性思想。有宗主张一切众生皆有佛性。不仅对于那些善人，而且对于那些恶人，佛性都是永远长存的。佛性是人的不生不灭的内在本性。据此，任何人都有觉悟成佛的可能性。这种佛性论为禅宗成为一种大众和平民佛教奠定了理论基础。禅宗其次也采用了般若系的性空思想，也就是缘起性空，性空缘起。唯有缘起，才有性空；同时，唯有性空，才有缘起。空有不二，真空妙有。所谓真空，就是不空之空；所谓妙有，就是不有之有。

作为中国化的佛教，禅宗还运用了儒家的基本思想。儒家的心性理论可以直接通达禅宗的佛性论。儒家认为人人皆可成尧舜，禅宗主张人人皆可成佛。这两者具有惊人的一致性。同时，儒家是关于人的现实世界的学说，它制定了各种道德伦理规范。这些也和禅宗的戒律有近似之处，能直接或间接地为禅宗的戒律所接受。在这样的一种规范中，人一方面约束自己的心行，另一方面遵守人际关系的既定秩序。它们虽然是一个儒家的道德要求，但也能成为一个真正禅者的身心规范。

比起儒家而言，禅宗更具道家的色彩。人们甚至认为，禅宗就是道家化的佛教，是大众化的老庄思想。这当然有多种原因。道家反抗世俗世界的桎梏，追求自由自在的人生，采用玄学化的思想和言说。这些都可以在禅宗身上找到或显或隐的影子。

但无论如何，慧能所创立的禅宗是中国独特的智慧。

禅宗不是一般意义上的宗教。一般的宗教都是有神论。它们或者是一神论，或者是多神论。如果说禅宗是宗教的话，那么它不是有神的宗教，而是无神的宗教。

禅宗也不是哲学。哲学是理性的科学，运用概念、判断和推理来思考真理。而禅宗既非理性，也非反理性，而是直指人心，见性成佛。

禅宗也不是生活的艺术。艺术是技艺，生活的艺术也只是促进生活的工具和手段。而禅宗是大道，大道是关于生活的智慧。

禅宗只是亲证的智慧。它直接证入诸法实相，亦即人与世界存在的真理。这个真理就是心色如一，空有不二。人既不执著于心，也不执著于色；既不执著于空，也不执著于有，由此解脱而得大自在，得大自由。

第一章 性与心

一、佛性

佛教的核心的问题是：人如何学佛并成佛？当然，这首先必须回答：佛是谁？佛究竟意味着什么？禅宗智慧的伟大之处在于，它把佛不仅理解为佛性，而且理解为人的自性。

与世界上所有的一神教或者是多神教不同，佛教中的佛不是在任何意义上的上帝或者是神灵，不管它们是自然神还是人格神。佛的本义是觉悟，也就是觉悟了人生和世界的终极真理。那些人之所以被称为佛，是因为他们获得了觉悟。作为佛的释迦牟尼正是历史上的一位觉悟者。他虽然是一位圣者，但他不是神，而是人。甚至他自己也认为，诸佛世尊，皆出人间，非由天而得。既然佛是觉悟，那么学佛和成佛的关键便也是觉悟。

任何一种派别的佛教都主张对于佛的信仰。印度和中国历史上的一些佛教派别甚至有将佛外在化和偶像化的倾向。佛成为了释迦牟尼佛或者其他佛，如三世佛和四方佛。这些佛又变成了各种形态的偶像。与此相适应，对于佛的信仰变成了对于释迦牟尼佛或者其他佛的崇拜，甚至是对于佛的偶像崇拜。

但禅宗与之相反。佛绝对不是人之外的其他什么东西，而就是人自身本来就已经拥有的佛性。因此，禅宗反对迷恋任何外在的佛，而是要求发现内在的佛或者佛性，从而使自己成为佛。

但什么是佛性？佛性是佛的本性，也就是佛作为佛存在的根据和原因。如前所说，佛是觉悟。佛性是觉悟的本性。所谓觉悟就是人从迷误之中惊醒起来。觉悟者觉悟到了诸法实相，而知道了自己和世界的真实存在。这也就是说，人知道了什么是真理，什么是假象，并且能去假存真。佛性还有一系列的名字，如实性（真实性）、自性（不改不变之性）、真如（真实如常）、如来藏（如来的种子）、道（既不同于儒家的社会之道，也不同于道家的自然之道，而是心灵之道）等。

与其他的思想学说相比，佛教所说的真理是独一无二的。它所说的真理是关于诸法的真理。诸法虽然包括了一切万法，但可分为色法和心法。色法是物质性的存在者，心法是精神性的存在者。但佛教认为三界唯心，万法唯识。因此，一切万法都是由心所生起。心即是色，色即是心，心色如如。因此诸法实相是心色如一。

但无论是心法，还是色法，它们都是缘起性空。所谓缘起是说有因（原因）有缘（条件），因缘和合而有结果。世界万物（一切有为法）既不是凭空而有，也不是孤立存在，而是因缘和合而成。当因缘消失，事物就不复存在。此有则彼有，此无则彼无，此生则彼生，此灭则彼灭。因此针对一般观念认为的诸行有常，诸法有我，佛教指出诸行无常，诸法无我。所谓性空是说因缘和合而生的事物的相为假有，性为真空。但真空并非一般意义的虚无或者虚空，而是无常和无我，亦即没有永恒的本性。但这种空性自身却是永恒的，它不生不灭，不垢不净，不增不减，亦即寂静涅槃。空并非在有（万法）存在之外，也非在有消失之后，而就是有自身。有即是空，空即是有。有不异空，空不异有。

如果万法不是缘起的话，那么它就不能性空；同时如果万法不是性空的话，那么它就不能缘起。缘起性空，性空缘起。这亦即妙有真空，真空妙有。这用一般的语言来表达的话，大致可说成是的静相即动态，不易乃变易。

因此，佛教的独特的智慧可谓心色如一，空有不二。心色如一就是空

论慧能

有不二，空有不二就是心色如一。这是因为五蕴（色受想行识）皆空。不仅心空，而且色空。心色皆空，万法皆空。同时，空即心色，空即万法。

所谓的佛性就是人所具有的觉悟的本心。它知道此心色如一、空有不二的诸法实相。事实上，佛性就是诸法实相的自身的直接呈现。

那么，作为空性智慧的佛性自身具有什么样的本性？

慧能认为，佛性或者佛法是不二之法。他说："如高贵德王菩萨白佛言：犯四重禁，作五逆罪，及一阐提等，当断善根佛性否？佛言：善根有二，一者常，二者无常，佛性非常非无常，是故不断，名为不二。一者善，二者不善，佛性非善非不善，是名不二。蕴之与界，凡夫见二，智者了达，其性无二。无二之性，即是佛性。"（《行由品》）①

所谓佛法是不二法门，佛性是无二之性，是指佛法和佛性所揭示的事物存在的真理：心色如一，空有不二。因此，它超出了一切形态的二元对立，是一，而且是唯一。这一法门否定了人们非此即彼的思想方式。它既不是一般语言所断定的某一方面，也不是这一方面的对立面，当然也不是这两者的综合而产生的第三者。毋宁说，它超出这种语言的描述之外。它非此非彼，亦此亦彼。它强调，事物的实相既非有，也非空。同时，事物的实相既是有，也是空。不二法门不仅克服了人们认识上的片面性，而且也引导人们在修行上走向中道，消解了世间和出世间的绝对差异和距离。

佛性作为自性，是永远存在的。它既不是从无到有，也不是从有到无。因此，它不生不灭，不垢不净，不增不减。在这样的意义上，佛性是非常非无常；同时，它也是非善非不善。

不仅佛性不二，而且万法也是不二。蕴是五蕴（色受想行识），界是十八界（六根、六尘和六识）。这实际上指人及其世界，亦即万法或万物。一切事物虽然充满差异和对立，但它们都不离自性或自心。它们都被心所

---

① 本章及以后各章所引《坛经》文本只在其后标明其所在的品名。

规定，是心的不同显现形态。因此它们都是同一的。同时，一切万法都是因缘和合，其本性是空的，亦即无常和无我。因此它们都是同一的。

慧能认为既然佛性不二，那么它甚至也不能理解为与黑暗对立的光明。他说："道无明暗，明暗是代谢之义。明明无尽，亦是有尽。相待立名，故《净名经》云：法无有比，无相待故。"（《护法品》）一般而言，迷误可比喻成黑暗，觉悟可比喻成光明。但这只具有相对的意义。这在于佛性超越了一切的对立。当人们将佛性理解为光明的时候，他就设定了其对立面黑暗。尽管光明无限，但黑暗也无限。只要无限的光明与无限的黑暗相对的话，那么光明自身就存在边界，因此是有限的。但佛性超出光明和黑暗的对立。光明和黑暗是因缘和合的相，其性则为空。"明与无明，凡夫见二。智者了达，其性无二。"（《护法品》）当人们证悟了光明与黑暗都是为心所造和其性为空的时候，就可明了其无二之性。

不二法门具体地表达为"八不中道"理论。"不生亦不灭，不常亦不断，不一亦不异，不来亦不去。"一般人执着于万法的生灭、常断、一异和来去，而生起无限烦恼。针对此种情况，"八不中道"理论用"不"来否定生灭、常断、一异和来去八种邪见。生灭、常断、一异和来去只是思想和语言的分别，而非诸法存在的实相。为了达到诸法实相，就必须放弃生灭、常断、一异和来去的邪见，而采用中道，亦即"不生亦不灭，不常亦不断，不一亦不异，不来亦不去。"这就是说，人们既不陷入肯定的一边，也不陷入否定的一边。这样就能达到诸法实相。在"八不中道"中，"不生不灭"或者是"无生"是其根本。它们就是寂静涅槃的意义。

慧能直接把实性或者道说成是不生不灭。"无二之性，即是实性。实性者，处凡愚而不减，在贤圣而不增，住烦恼而不乱，居禅定而不寂。不断不常，不来不去，不在中间，及其内外。不生不灭，性相如如。常住不迁，名之曰道。"（《护法品》）实性不是有为法，而是无为法。它不依因缘而生，是已经存在的，是长存的，是常在的。

论慧能

慧能强调所谓的明心见性就是要达到无生无灭。"但识自本心，见自本性，无动无静，无生无灭，无去无来，无是无非，无住无往。"(《付嘱品》)坐禅也是要证入无生无灭的实性空性："无所从来，亦无所去，无生无灭，是如来清净禅。诸法空寂，是如来清净坐。"(《护法品》)梵语的波罗蜜的意义是到彼岸，亦即从有生有灭到无生无灭。"何名波罗蜜？此是西国语，唐言到彼岸。解义离生灭。著境生灭起，如水有波浪，即名于此岸。离境无生灭，如水常通流，即名为彼岸，故号波罗蜜。"(《般若品》)当人迷误时有生有灭，当人觉悟时就无生无灭，从而证入诸法实相。

但不生不灭容易导致误解。慧能指出，他所说的不生不灭不同于外道所说的不生不灭。"外道所说不生不灭者，将灭止生，以生显灭，灭犹不灭，生说不生。我说不生不灭者，本自无生，今亦不灭，所以不同外道。"(《护法品》)慧能所说的佛性的不生不灭超出了生灭的对立。同时，不生不灭并非在生灭之外，而是在生灭之中。佛性不离生灭，才能不生不灭。

一般错误的见解离开有生有灭而理解无生无灭。志道认为，一切众生皆有二身，即色身与法身。色身是法相，它由地水火风四大构成。法身是法性，它只是诸法的实相空性。色身无常，有生有灭。法身有常，无知无觉。假若是色身寂灭时，色身的四大（地火风水）分散，它全然是苦，不可言乐。假若是法身寂灭时，法身却同草木瓦石，它没有感觉，不可受乐。法性（身）是生灭之体，五蕴（色受想行识）是生灭之用，一体五用，生灭是常。如果生的话，那么它则从体起用；如果灭的话，那么它则摄用归体。假若它再生的话，那么它就如同有情之类，不断不灭。假若它不复再生的话，那么它就如同无情之物，则永归寂灭。如果是这样的话，那么一切诸法被涅槃禁伏，连有情之类尚不得生，何乐之有？

慧能认为志道是用外道的断见和常见这两种邪见来理解佛教的最上乘法。慧能认为，志道设定了在色身外另有法身，离生灭求寂灭。事实上，色身和法身同一无二，生灭和寂灭同一无二。在生灭之外无涅槃，在涅槃之外无生灭。同时，志道又推断涅槃常乐，言有身受用。这是执着生死，耽著世乐。佛的涅槃是为了开示迷人。一切迷人错认自体相为五蕴和合，外尘相为所分别的一切法。因此好生恶死，不知梦幻，枉受轮回。他们不知自性中就有常乐我净的大涅槃，反而把涅槃翻为苦相。佛所开示的涅槃真乐，刹那无有生相，刹那无有灭相，更无生灭可灭，这就是寂灭现前，也是无生无灭。佛所开示的涅槃现前时，也没有关于现前的思量，这就叫做常乐。此乐没有承受者，也没有不承受者，哪里有什么一体五用之名？何况还说什么涅槃禁伏诸法，令永不再生？

慧能还作了偈颂区分了涅槃的真伪之意：

"无上大涅槃，圆明常寂照。

凡愚谓之死，外道执为断。

诸求二乘人，自以为无作。"（《机缘品》）

这就是说，不生不灭的涅槃是永远存在的。它既不是凡愚所谓的死亡，与生命相对，也不是外道所说的断灭，与死常相对，更不是声闻与缘觉二乘之人所认为的无作，即人的无所作为。

与对于不生不灭一样，人们对于佛性的常与无常也有误解。人们既不可用确定死常来错解佛法所说的真常，也不可用断灭无常来错解佛所说的真无常。慧能说："佛性若常，更说什么善恶诸法，乃至穷劫，无有一人发菩提心者。故吾说无常，正是佛说真常之道也。又一切诸法若无常者，即物物皆有自性，容受生死，而真常性有不遍之处。故吾说常者，正是佛说真无常义。佛比为凡夫外道执于邪常，诸二乘人于常计无常，共成八倒。故于涅槃了义教中，破彼偏见，而显说真常、真乐、真我、真净。"（《顿渐品》）正是为了破解确定死常，慧能说佛性无常；为了破解断灭无常，慧能说善恶诸法有常。事实上，佛性非常非无常，超出常与非常的对立。

佛性的存在作为真实的存在就是其自身，因此是唯一的非对立的

论慧能

存在。

　　作为如此不二的存在，佛性建立了与思想一种奇特的关系。佛性是不可思议的。慧能说："学道之人，一切善念恶念，应当尽除。"（《顿渐品》）慧能还说："汝若欲知心要，但一切善恶，都莫思量，自然得入清净心体。湛然常寂，妙用恒沙。"（《护法品》）这在于当人思考佛性的时候，人就将思想和佛性对立。思想成为能思，佛性成为了所思。佛性就不再是佛性自身。只有在无思之中，亦即在能所俱忘之中，既无能思的心，也无所思的境，不二的佛性才会自身呈现。因此，思议就是思议那不可思议。一切思议最后要归于无思。

　　佛性不仅是不可思议的，而且也是不可言说的。佛性与语言也建立了一种奇特的关系。一般认为，文字是语言的记录与书写，而语言是思想的表达，思想所思考的则是存在自身。但佛性自身是不可言说的。慧能说："无名可名，名于自性。无二之性，是名实性。"（《顿渐品》）他还认为佛性是超出文字表达的。"诸佛妙理，非关文字。"（《机缘品》）一切语言是对于佛性不可言说的言说，一切文字是对于佛性不可书写的书写。当人们要言说佛性的时候，语言文字成为了能言，佛性成为了所言。在语言文字中，佛性不再是佛性自身。只有在无言之中，不二的佛性才会自身呈现。因此，语言言说要归于佛性的不可言说。"但信佛无言，莲华从口发"（《机缘品》）文字记录也要归于佛性的不可记录。"去假归实，归实之后，实亦无名。"（《机缘品》）但言语能启发人觉悟。所谓一言即悟就是在一言的启发之下就能觉悟。这种语言是已经觉悟的语言，它源于自性且能开启自性。

　　在我们探讨了佛性自身的特性及其与思想、语言的奇特关系之后，我们要解释它与人的本性的关联。

　　佛性是佛之为佛存在的本性。当人拥有这种本性的时候，他也就可以成佛，达到佛的地位。在这样的意义上，佛性作为佛之为佛存在的本性，也是人成佛的根据和原因，是人成佛的可能性。

关于人是否拥有佛性，对此人们历来就有争论。

其一，是人没有佛性。佛是佛，人是人。人不可能成佛。这包括了两种观点。一种观点认为所有的人不可能成佛。佛只有唯一的一个，亦即释迦牟尼。另一种观点认为虽然有一部分人可以成佛，但至少也有一部分人不能成佛。如一阐提就断了佛性种子。

其二，是人本有佛性。一切众生皆有佛性，且能成佛。

其三，是人始有佛性。人并非先天具有佛性，而是后天获得佛性。

慧能认为，人本有佛性。"菩提般若之智，世人本自有之，只缘心迷，不能自悟，须假大善知识，示导见性。当知愚人智人，佛性本无差别。只缘迷悟不同，所以有愚有智。吾今为说摩诃般若波罗蜜法，使汝等各得智慧。"（《般若品》）

菩提般若之智，就是佛的智慧，也就是佛性。世人并非没有这种佛性，而是本来就拥有这种佛性。不仅智慧之人拥有这种佛性，而且愚蠢之人也有这种佛性。智慧和愚蠢之人的差别只是在于，一个已经觉悟到这种佛性，一个尚未觉悟到这种佛性。所谓上乘人和下乘人、上根人和小根人，其差别也只是迷误不同。

慧能认为大乘人自己知道自己具有佛性。"若大乘人，若最上乘人，闻说《金刚经》，心开悟解，故知本性自有般若之智，自用智慧常观照，故不假文字。譬如雨水，不从天有，元是龙能兴致，令一切众生，一切草木，有情无情，悉皆蒙润，百川众流，却入大海，合为一体。众生本性般若之智，亦复如是。"（《般若品》）大根人知道佛性不是由外赋予，而是在内本有。

小根人虽然不知自己有佛性，但也能觉悟自己的佛性。"小根之人，闻此顿教，犹如草木。根性小者，若被大雨，悉皆自倒，不能增长。小根之人，亦复如是。元有般若之智，与大智人更无差别，因何闻法，不自开

论慧能

悟？缘邪见障重，烦恼根深。犹如大云覆盖于日，不得风吹，日光不现。般若之智亦无大小。为一切众生，自心迷悟不同。迷心外见，修行觅佛，未悟自性，即是小根。若开悟顿教，不执外修，但于自心常起正见，烦恼尘劳，常不能染，即是见性。"（《般若品》）小根人一旦去掉自性的遮蔽，就能明心见性。

无论大乘人，还是小根人，人本来都拥有佛性。迷误者遮蔽了佛性，觉悟者显现了佛性。"不悟即佛是众生。一念悟时，众生是佛。故知万法尽在自心。何不从自心中，顿见真如本性？《菩萨戒经》云：我本元自性清净。若识自心见性，皆成佛道。《净名经》云：即时豁然，还得本心。"（《般若品》）从迷误到觉悟的过程不是外在的，而是内在的，即从自性的迷误到自性的觉悟。

不能自悟自己佛性的人可以借助他人的引导。"若自不悟，须觅大善知识，解最上乘法者，直示正路。是善知识，有大因缘。所谓化导，令得见性。一切善法，因善知识，能发起故。三世诸佛，十二部经，在人性中，本自具有。不能自悟，须求善知识，指示方见。"（《般若品》）已觉悟的人引导不觉悟的人，并非是前者赋予后者一种外在的佛性，而是前者用自性

唐·柳公权《金刚经》（局部）

启发后者的自性。

能自觉悟自己佛性的人就不用借助他人的引导。"若自悟者，不假外求。若一向执谓须他善知识，望得解脱者，无有是处。何以故？自心内有知识自悟。若起邪迷，妄念颠倒，外善知识虽有教授，救不可得。若起真正般若观照，一刹那间，妄念俱灭。若识自性，一悟即至佛地。"（《般若品》）这关键在于人自己的觉悟，而不是他人的开导。他人的开导只是开启我自己的自性。假若我能开启自己的自性，我就不需他人的开启；假若我不能开启自己的自性，即使有他人的开启也毫无意义。因此，自性自悟才是成佛的唯一道路。

既然人本有佛性，那么人也均有佛性。"人虽有南北，佛性本无南北。獦獠身与和尚不同，佛性有何差别。"（《行由品》）南人和北人只是地域不同，獦獠和和尚也只是身份的不同。但他们都是人，具有同一性。如果每个人本来都具有佛性的话，那么南方人和北方人一样具有佛性，獦獠和和尚一样具有佛性。人人皆有佛性，这就是说，每一个独立存在的个体均有佛性。

二、自性或自心

如果说人都具有佛性的话，那么佛性在人的存在整体中属于什么呢？在慧能看来，所谓佛性不是人的其他什么，而就是人的自性。

但何谓自性？一般而言，所谓性就是本性，是事物存在的规定。据此本性，一个存在者就是这一个特别的存在者。而所谓自性则更突出了事物存在自身的规定。自性是事物自身的本性，也就是存在者自身所是的特性。一方面，自性让这一个存在者区别于其他存在者；另一方面，自性让这一个存在者成为这一个存在者。但在慧能那里，自性具有独特的意义。它主要不是指诸法的自性，而是指人的自性。甚至可以说，在大千世

论慧能

界中，矿物、植物和动物没有自性，只有人才有自性。自性是人自己觉悟的本性，是自己成佛的根据和原因。凭借自性，人成佛无需外在的根据和原因。

为什么作为佛性的自性不是万物的自性而只是人的自性？在世界整体中，人是一个特别的存在者。唯有人才有心灵，甚至人就是心灵。人凭借心灵能觉悟自己和世界的真相，亦即心色如一，空有不二，因此而具有佛性。人的一切存在活动不仅显现为心灵的活动，而且在根本上被心灵活动所规定。虽然心是复杂的、多变的，但心的本性却是唯一的和永恒的。它是本心、真心、真如心、自性清净心。当人的心灵意识到自身的本心的时候，这个心便是觉悟之心。但人不仅意识到自己的心灵，而且意识到自己的存在，并意识到自己的本性或者自性。因为自心可以觉悟自己的自性，所以可以说人是知道自己作为自性存在的存在者。人有心灵而知道自己的自性，并拥有自性；万物没有心灵而不知道自己的自性，并没有自性。

慧能认为，佛心不二。即佛即心，即心即佛。他说：

"前念不生即心，后念不灭即佛。

成一切相即心，离一切相即佛。"（《机缘品》）

前念已过，不再执着；后念已起，不再止住。心生成了一切法相；佛脱离了一切法相。即心即佛就是觉悟了心色如一和空有不二的诸法实相。

他的偈颂还说：

"即心名慧，即佛乃定。

定慧等持，意中清净。

悟此法门，由汝习性。

用本无生，双修是正。"（《机缘品》）

即心名为智慧，即佛名为禅定。这也可以互指，即心名为智慧，即佛名为禅定。禅定和智慧不是二，而是一，同属一体。它们达到清净心体。

一般而论，性与心是不同的。性是存在的规定，心是人的规定。但在慧能那里，它们都和人相关。性是人性，心是人心。但性与心是有差异的。"心是地，性是王。王居心地上。性在王在，性去王无。性在身心存，性去身心坏。"（《疑问品》）这就是说，性是规定者，而心是被规定者。尽管这样，但性和心在人身上相互作用。性生发了心，而心通达了性。因此，自心要依据于自性，自心要皈依于自性。慧能说："自心常生智慧，不离自性，即是福田。"（《行由品》）他又说："自心皈依自性，是皈依真佛。"（《忏悔品》）

但自心会真或者会妄，自性也会显现或者遮蔽。当自心妄时，自性就会遮蔽；当自心真时，自性就会显现。"此门坐禅，元不著心，亦不著净，亦不是不动。若言著心，心原是妄。知心如幻，故无所著也。若言著净，人性本净。由妄念故，盖覆真如，但无妄想，性自清净。"（《坐禅品》）慧能在此说心原是妄和性本是净，这看起来强化了妄心和净性的对立，但实际上是破解人们对于妄心和净性的执着。心有妄，也有真；性有净，也有染。当心真时，性就净；当心妄时，性就染。这就是说，慧能所理解的性与心在根本上是同一的。明心才能见性，不明心就不能见性。见性就是明心，不见性就不是明心。当明心见性时，心就是性，性就是心。自性就是自心，自心就是自性。心与性两者甚至可以合二为一，称为心性。但自心或者自性就其自身而言，在最终意义上是非净非染，非真非妄，超出了净染和真妄的二元对立。

慧能对于自性的发现和证悟实际上经历了一个过程。他在《行由品》中描述了自己悟道的三个步骤。

首先，人人皆有佛性。慧能初见弘忍时的言说，初证了心性的有性。慧能不仅认为人人皆有佛性，而且自述自心不离自性。

其次，自性非有而空。慧能针对神秀的偈颂所呈的偈颂，重证了心性的空性。

神秀的偈颂说：

论慧能

"身是菩提树，心如明镜台。

时时勤拂拭，勿使惹尘埃。"（《行由品》）

神秀偈颂所说的此身并非人的肉身，而是人的佛身。人的佛身如同菩提树。此喻人自身有菩提。此心并非人的肉心，而是人的佛心。人的佛心如同明镜台。此喻人自身有清净。虽然人的身心是觉悟和清净的，但身心之外的客尘是不净的。它污染人的身心，因此人要时时除去尘埃。人通过修行，去掉客尘，回归清净。但神秀的偈颂并未见性。这在于：第一，它执著于身心的有相；第二，它将我与法分离，我清净，法污染；第三，它没有指出觉悟就在心的一念之间。

弘忍认为神秀的偈颂尚未见性，而指出了真正的见性是什么。"无上菩提须得言下识自本心，见自本性，不生不灭。于一切时中，念念自见。万法无滞，一真一切真，万境自如如。如如之心，即是真实。若如是见，即是无上菩提之自性也。"（《行由品》）

无上菩提是至高无上的智慧，是佛的觉悟智慧，但它重点只是人对于自己本心和本性的认识。心性迷时有二，悟时同一。人的本心和本性是实性空性，不生不灭，也就是永生或常住。人的本心和本性不仅能在瞬间显现，而且能在一切时中显现。当人明心见性之后，就能通达万法无碍。不仅一心性是真的，而且一切万法也是真的；不仅心性如如不动，而且万境也如如不动。真实就是没有虚伪的心，它是其自身，并保持其自身。

针对神秀的偈颂，慧能的偈颂说：

"菩提本无树，明镜亦非台。

本来无一物，何处惹尘埃。"（《行由品》）

与神秀的有不同，慧能的是无。慧能正是用无来破神秀的有。菩提智慧是无相的。它无形象，无大小，因此不可比喻为菩提树。心灵本性也是无相的。它无方圆，无明暗，因此不可比喻为明镜台。无论心法，还是色法，都是缘起性空。因此，不仅心空，而且境空。心境如一。既然一切法空，那么就是本来无一物。有的版本将"佛性常清净"取代了"本来无一物"。前者言有，后者言无。它们貌似对立，但实际一致。常清净就是空性，就是无一物。但就慧能偈颂的主题是空来说，本来无一物更符合该偈颂的语境。既然本来无一物，那么也就没有了尘埃。于是既没有尘埃的所来之处，也没有尘埃的所去之处。在这样的意义上，人无需天天勤拂

宋·张即之《金刚般若波罗蜜经》（局部）

拭。人本来是佛，何用修证？与神秀的偈颂执著于有相比，慧能偈颂的无显示了人的心性。

慧能所证悟的不仅我空，而且法空，一切皆空。此时，自性的空性彻底显露。但是，人们也不能执著慧能的无。对于慧能的偈颂，弘忍认为也没有彻底见性。

最后，自性真空妙有。慧能聆听弘忍讲解《金刚经》时的赞叹，三证了心性的心色如一，空有不二。

"应无所住而生其心"是《金刚经》的核心思想之一。它一方面言空，要心无所住；另一方面言有，要生清净心。"应无所住而生其心"是一种肯定的语言表达式（表诠），同时它还可以转换成一种否定的语言表达式（遮诠），即"不应所住而生其心"。这里的心所住就是住法相，心所生就是生烦恼。

当弘忍解说《金刚经》到"应无所住而生其心"时，慧能言下大悟"一

论慧能

切万法不离自性"。他对弘忍说：

"何期自性本自清净；

何期自性本不生灭；

何期自性本自具足；

何期自性本无动摇；

何期自性能生万法。"(《行由品》)

为何慧能对于自性有如此深深的惊讶？这在于人们一向认为佛性与自性有别。佛的佛性是光明的，人的自性是污染的。人们从来没有发现自性的伟大。慧能在觉悟后亲证了佛的佛性和人的自性无二。他由此赞美自性的美好。

所谓自性本自清净，是指它没有原始无明的污染、遮蔽，以及由此而来的无穷烦恼和痛苦，而是纯洁的、透明的。慧能除了指出自性或者佛性本身是无相的外，更强调了它自身是清净的、没有污染的。因此，对于自性的通达并不是各种外在的修行，而是内在本性的觉悟，亦即回到自性清静体。

所谓自性本不生灭，是指自性非有为法，而是无为法，无生灭相。自性是人的实相，是不二的实性。佛性不是如同一个物是存在于时间和空间之中的，因此，它并不具备任何时间性和空间性。相反，自性就是涅槃妙心。涅槃不是死亡或者圆寂，而是不生不灭。这里的不生不灭不是将灭止生，以生显灭，而是本无所生，也无所灭。它是超出了生灭轮回的圆满。

所谓自性本自具足，是指它自身是完满无缺的，具有佛或佛性的一切功德。佛就是觉悟。首先是自觉。佛证悟了自己不生不灭的真如本性。其次是觉他。佛慈悲为怀，普度众生，以自己的智慧来教化迷情，让他人发菩提心，达清净地。最后是觉满。佛不仅上求菩提，而且下化众生，悲智双运，福慧双足，因此功德圆满。

所谓自性本无动摇，是指它是宁静的，能保持自身的同一和纯净。如果人心存妄念的话，那么它就会随境动摇。这就是说，心既没有规定己，也没有规定境，而是反过来被境所规定。境的生灭便会导致心的生灭。与此相反，自性却是本无动摇。这意味着它毫无妄念，保持自身，不随境迁，定于自身。

慧能后来在解释不动时，强调不是身不动，而是心不动。"善知识！若修不动者，但见一切人时，不见人之是非善恶过患，即是自性不动。善知识！迷人身虽不动，开口便说他人是非长短好恶，与道违背。若著心著净，即障道也。"（《坐禅品》）

真正不动并非是静止不动，而是在动中有不动。慧能曾作偈颂阐明心不动摇。

"有情即解动，无情即不动。

若修不动行，同无情不动。

若觅真不动，动上有不动。

不动是不动，无情无佛种。

能善分别相，第一义不动。

但作如是见，即是真如用。"（《付嘱品》）

慧能认为，有情众生就会解动，无情万物才会不动。假若修不动行，如长坐不卧之禅定，就如同无情之物而不动。假若寻觅自心真正的不动的话，那么就应该是动上有不动。这就是动中有静，动静一如。长坐的不动只是身体的不动，它如同无情之物，也没有佛性的种子。无情之物是没有佛性的，只有有情众生中的人才有佛性。一方面，人能善于分别一切法相，应对万事万物；另一方面，人能安定于第一原则，也就是自心自性。只要作如此的见解，就是真如的运用。

所谓自性能生万法，是指它能让万法作为万法而显现。万法是指世界中一切存在者。它正是依靠自性或者自心从遮蔽而走向敞开。如果没有自性的话，那么便没有万法；如果有了自性的话，那么便有了万法。一切万

论慧能

法不离自性。这表明了万法唯自性，万法唯自心。

慧能对于自性的五点揭示实际上可以分为两个方面。一方面，本自清净、本不生灭和本自具足是就自性自身的本性而言；另一方面，本无动摇和能生万法则是就自性和万法的关系而言。

就人的自性的本性而言，它一方面是有性，另一方面是空性。慧能正是空有双运，以空摄有，证悟了实性空性，空性实性。这两个方面正好显示了自性的"不二"特性，亦即非空非有，亦空亦有，真空妙有。

一方面，自性有。它是存在的，不是非存在的。作为人的独特的规定性，它不仅使人成为人，而且也使人成为佛。此外，自性也使万法成为万法。

另一方面，自性空。它虽然是存在的，但是空性的。当思万法，自性才有；当不思万法，自性就空。

自性本空的意义实际上是说自性就是无自性。自性虽然是人成佛的根据和原因。但它不是任何外在的根据和原因，而是内在的根据和原因。这一根据和原因不是一法，不是一个存在者，因而是无。在这样的意义上，自性是无根据的根据，无原因的原因。自性作为无自性又可以将自身表述为无，而无也可表述为虚、空。虚无形质，空无障碍。这些又可近似地表达如同天空之虚空。

慧能就将自性比喻成虚空。"何名摩诃？摩诃是大。心量广大，犹如虚空，无有边畔，亦无方圆大小，亦非青黄赤白，亦无上下长短，亦无嗔无喜，无是无非，无善无恶，无有头尾。诸佛刹土，尽同虚空。世人妙性本空，无有一法可得。自性真空，亦复如是。"（《般若品》）这意在强调自性之空既不具有一般色法（物质存在者）的物理特性，也不具有一般心法（心理存在者）的精神特性。

虽然自性本空，不是一法，但能生万法。"若悟自性，亦不立菩提涅槃，亦不立解脱知见。无一法可得，方能建立万法。若解此意，亦名佛身，亦名菩提涅槃，亦名解脱知见。见性之人，立亦得，不立亦得。去来自由，无滞无碍。应用随作，应语随答。普见化身，不离自性，即得自在神通，游戏三昧，是名见性。"（《顿渐品》）万法（包括佛法）都是建立在自性本空的基础上的。因此，人们要透过万法的有而看到自性的空。

自性的这种空性当然不是恶，但也不是与之对立的善。自性是非善非恶。因此明心见性就要既不修善，也不造恶。"兀兀不修善，腾腾不造恶。寂寂断见闻，荡荡心无著。"（《付嘱品》）兀兀是不动。腾腾是无为。人不修善，不造恶，超出善恶之外。寂寂是安静。荡荡是平坦。人不住相，不住空，无相无念无住。

但慧能反对执著于自性之空。"莫闻吾说空便即著空。第一莫著空，若空心静坐，即著无记空。"（《般若品》）这种空一般称为顽空，恶趣空，是一种死亡之空，而非真空。

针对人们对于空的执著，慧能强调要看到自性空含万法。"世界虚空，能含万物色像。日月星宿、山河大地、泉源溪涧、草木丛林、恶人善人、恶法善法、天堂地狱、一切大海、须弥诸山，总在空中。世人性空，亦复如是。善知识！自性能含万法是大。万法在诸人性中，若见一切人恶之与善，尽皆不取不舍，亦不染著，心如虚空，名之为大。故曰摩诃。"（《般若品》）自性只有包括了万法才是真空，否则就是假空。

事实上，自性既非片面的有，也非片面的空，而是有即空，空即有，是空有不二。慧能在解释解脱香和解脱知见香时就强调了自性的空有不二。解脱香重在空。"四解脱香，即自心无所攀缘，不思善，不思恶，自在无碍，名解脱香。"（《忏悔品》）解脱知见香重在不空。"五解脱知见香，自心既无所攀缘善恶，不可沉空守寂，即须广学多闻，识本心，达诸佛理，和光接物，无我无人，直至菩提，真性不易，名解脱知见香。"（《忏悔品》）因此，人们既要内熏解脱香，而证悟空性，也要内熏解脱知见香，而实现自性的不空。

论慧能

明·陈贤《罗汉图》

人的自性是空有不二的，同时，人的自心也能觉悟这种空有不二。慧能认为每一个人都有如此神奇的自性。这就为人们学佛和成佛提供了内在的可能性。"菩提自性，本来清净，但用此心，直了成佛"。(《行由品》)修道的关键是心灵呈露本性。这是成佛的唯一且简明的大道。

弘忍知道慧能已经知悟本性，对慧能说："不识本心，学法无益。若识自本心，见自本性，即名丈夫、天人师、佛。"(《行由品》)不明心见性就不能成佛，能明心见性就能成佛。

三、个体的心

慧能思想的革命性在于，它不仅将佛的佛性理解为人的自性，而且将人的自性解释为人的自心。自心不仅是一般的普遍的众生心，而且也是个别的个体心，是每一个人的心，也就是我的心、你的心和他的心。这就是说，佛性存在于每一个人自身的心中。

不仅在佛教史上，而且在中国思想史上，慧能所强调的自性和自心开创性地奠定了个体的地位。每一个个体都是独特的存在。作为个体，人是不可替代的，也是不可重复的。同样，个体的心也是不可替代和不可重复的。每个人不仅要从世界返回自身，而且要从他人返回自身。唯有自己的心，才是自己成佛的根据和原因，而且是唯一的根据和原因。

人的个体的心是成佛的出发点。人不是建立一种此心之外的某种特别的起点，而就是人此时此地的此心。"我心自有佛，自佛是真佛，自若无佛心，何处求真佛?"(《付嘱品》)我自己的心是真正的佛。找到了我心，就找到了真佛;找不到我心，就找不到真佛。

人的迷误在根本上是个体心的迷误，其表现为贪嗔痴三毒之心。"心中众生，所谓邪迷心、诳妄心、不善心、嫉妒心、恶毒心，如是等心，尽是众生。"(《忏悔品》)这些都是邪恶之心的各种形态。它们并不只是存在于他人的心中，而也是存在于每个人自己的心中。

人的修行是让自己的迷误之心转向智慧之心。这种转变就是救度和解脱。但每个人需要自己救度自己。"各须自性自度，是名真度。"(《忏悔品》)即使人有师傅救度自己，但师傅也只是指引人自己救度自己。"迷时师度，悟了自度;度名虽一，用处不同。"(《行由品》)唯有人自己救度自己，人才能真正得救。因此，自心是解脱的唯一的道路。

人的个体心也是成佛的目的地。慧能强调人要自修自行，见到自心佛。佛不是外在的偶像，而是自己觉悟的心。"佛之知见者，只汝自心，更无别佛。"(《机缘品》)同样，西方净土乃心地净土。"心地无不善，西方去此不遥;若怀不善之心，念佛往生难到。"(《疑问品》)一切都还原到人的自心。

人对于自己本性的觉悟，唯有自己可以体会到。"如人饮水，冷暖自知。"(《行由品》)这种个体的觉悟是不可替代的。慧能说:"汝若心迷不见，问善知识觅路;汝若心悟，即自见性，依法修行。汝自迷不见自心，却来问吾见与不见。吾见自知，岂代汝迷? 汝若自见，亦不代吾迷。何不自知自见，乃问吾见与不见?"(《顿渐品》)每个人都要回到自己的内心。自己不可替代他人，他人也不能替代自己。

正是对于个人此时此地此心的强调，禅宗成为了个人亲证的智慧。所

论慧能

谓亲证就是个人身心直接去经验事物的本性。在禅宗里，个人身心直接经验到了诸法实相，亦即心色如一，空有不二。这是禅宗作为智慧区分于其他智慧形态的独特之所在。

四、心念或心行

慧能所说的自心是个体的心，同时就是个人的此心，也就是每个人此时此地的心灵的活动。既然心是当下活的心，那么成佛的问题便不是一个一般世界的问题，而是人的问题，而且是一个人此时此地的问题，并且主要表现为一个人瞬间的心灵的问题。

作为现实活动的心，心表现为念。念是人的心灵所出现的念头。此念头不是空间性的，而是时间性的。它可看成是时间的最小单位，亦即一刹那，一瞬间。念是心的每时每刻的活动。一念如同闪电，短暂而迅速。

虽然念头有限，但它会念念相续，在时间中绵延，而形成无限。事实上，人的心灵就是有限念头的无限活动。念可以分为前念、今念和后念。前念是过去之念，今念是现在之念，后念是将来指念。

一念虽然极其短暂，但其可以决定迷误，决定生死。所谓迷误和觉悟就在一念之间。慧能说："凡夫即佛。烦恼即菩提。前念迷，即凡夫；后念悟，即佛。前念著境，即烦恼；后念离境，即菩提。"（《般若品》）他又说："一切处所，一切时中，念念不愚常行智慧，即是般若行。一念愚即般若绝，一念智即般若生。"（《般若品》）佛与众生看起来距离甚远，但其实也就是一念之隔。因此，人要时时处处观照自己的念头。

消除心念的迷误就是要消除其贪嗔痴等念头。"从前念、今念及后念，念念不被愚迷染。"（《忏悔品》）此为消除愚痴之念。"从前念、今念及后念，念念不被骄诳染。"（《忏悔品》）此为消除骄诳之念。"从前念、今念及后念，念念不被嫉妒染。"（《忏悔品》）此为消除嫉妒之念。

慧能要求人的念头不住于法。"于诸法上，念念不住，即无缚也。"(《定慧品》)不住也就是无滞。"念念无滞，常见本性，真实妙用，名为功德。"(《疑问品》)于是，心念之间就没有间断，而无碍相续。"念念无间是功。"(《疑问品》)

当人的心念无迷时，就能觉悟。一念之间就完成了从迷误到觉悟的转变。心念的觉悟就是成佛。"于一切时，念念自净其心，自修其行，见自己法身，见自心佛，自度自戒，始得不假到此。"(《忏悔品》)心念自见本性的修行就是佛性的实现。"一念修行，自身等佛。"(《般若品》)

心念一定要和口念区分开来。所谓口念，是口念出声来，所谓心念是心去行动。佛教中的行一般指心的造作，也就是心灵的意志活动。但慧能所说的心行是真心的完全实现。唯有心行，心念才不是假的，而是真的。

慧能认为，修道的关键不在言语，而在心行。"摩诃般若波罗蜜是梵语，此言大智慧到彼岸。此须心行，不在口念。口念心不行，如幻如化，如露如电。口念心行，则心口相应。本性是佛，离性无别佛。"(《般若品》)在人的身语意三业中，心是根本性的。心规定了身和语。如果有心行的话，那么必定有身体的行为和语言的表达。如果没有心行的话，那么即使有语言的表达和身体的行为也是无意义的。

迷误之人只是口说，而不心行。"世人终日口念般若，不识自性般若，犹如说食不饱。口但说空，万劫不得见性，终无有益。"(《般若品》)口说心不行，不仅不能明心见性，而且反倒加重和加深掩盖了自己心灵的迷失。

与迷人的口说心不行不同，智者不仅口说，而且心行。迷人与智者的根本差别就在于是否心行。"迷人口念，当念之时，有妄有非。念念若行，是名真性。悟此法者，是般若法；修此行者，是般若行；不修即凡。一念修行，自身等佛。"(《般若品》)心行是般若智慧的真正实现。这在于心色如一和空有不二是心灵的智慧。只有当心灵实行了心色如一和空有不二

论慧能

时，般若智慧才是真的，而不是假的。

五、心与万法

慧能不仅揭示了人的自心的本性，而且还说明了心与万法的关系。法意味着自体和轨则。一切事物有自体，有轨则，因此称为万法。万法也可以理解为万物，亦即世界整体中的所有存在者。虽然心在根本上规定了万法，但它们之间的关系并非是单一的，而是多维的，具有丰富性。

第一，心是万法之一。

万法包括了一切法。对于万法的分类，佛教的瑜伽行派的唯识论是最为全面细致的。它提出的五位法把一切法分为了五类，即色法、心法、心所有法、心不相应法和无为法。色法是有质碍和变碍之物；心法是六识或者八识的主体，是相对于心所的心王；心所有法是不能独立而依附于心的心灵活动；心不相应法是既不相应心，也不相应色的生灭现象。上述四种法属有为法，均有所作为，因缘和合而成，有生亦有灭。与此不同，无为法无所作为，非因缘和合而成，无生亦无灭。在这样的意义上，心法只是万法中的一种。

但慧能主要采用了大小乘通用的三科学说。它以人的心为起点，对于世界整体作了不同类型的划分。慧能阐释了三科的意义。"三科法门者，阴界入也。阴是五阴：色受想行识是也。入是十二入，外六尘：色声香味触法；内六门：眼耳鼻舌身意是也。界是十八界：六尘、六门、六识是也。"（《付嘱品》）

阴是五阴：色受想行识。五阴也称五蕴，是五种类别的聚集。它们是构成世界的主要因素。色是物质，既指世界的四大（地水火风），也指人的身体（相应的四大要素）。受是感受。根据对于人的有利（顺）、不利（违）和无利害（俱非），感受可以分为乐、苦和舍（不苦不乐）。想是取相而形成名言概念的活动。想可分为苦想、乐想、无常想等类型。行是意志活动。它是心的造作、迁流。识主要是识别，亦即分别和判断。

入是十二入，也称十二处，意指进来的场所和进来的东西。这包括外六尘和内六门。外六尘也叫六境，指色、声、香、味、触、法。内六门也叫六根，指眼、耳、鼻、舌、身、意。十二入主要是区分了人的感觉思维的器官和感觉思维的事物。

界是十八界。界是界别。十八界包括了六尘、六门、六识。十八界实际上是在十二入之外增加了与其相应的六识，亦即眼识、耳识、鼻识、舌识、身识、意识。

三科意在破除人们对于心法和色法具有永恒固定本性的执着。但它们各有重点。五蕴最为简略，重在破除人们对于心法有我的执着。十二入持中，重在破除人们对于色法有我的执着。十八界最为广阔，重在破除人们对于色法和心法一起有我的执着。

在三科的分类中，心法就是除色法之外的所有法。虽然心法只是万法之一，但它却是万法中最重要的一法。这在于，只有从心出发，人才能通达整个世界。

但无论是色法，还是心法，万法都是缘起性空。缘起假有，自性真空。慧能说："五阴本空，六尘非有。"（《机缘品》）他因此强调要辨明真假。

"一切无有真，不以见于真。

若见于真者，是见尽非真。

若能自有真，离假即心真。

自心不离假，无真何处真？"（《付嘱品》）

一切万法不是真实的。凡所有相，皆是虚妄。于是，不可把虚妄的万法看作真实。假若将万法看成真实的话，那么这种见解完全就不是真实的。假若人能够自性获得真实的话，那么离去假象就可以获得自心的

论慧能

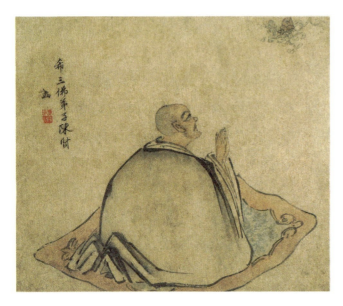

明·陈贤《罗汉图》

真实。假若自心不离开假象的话，那么它自身没有真实，而何处有真实呢？

只有证悟了万法缘起假有，自性真空，人的自心才能离假成真。如此的自心也才能通达万法的无二本性。"蕴之与界，凡夫见二，智者了达，其性无二。无二之性，即是佛性。"（《行由品》）既然万法的本性就是不二，那么，人们就既不能执著于心，也不能执著于色；既不能执著于有，也不能执著于空。与此不同，人要空有双运，以空破有，以有破空。慧能说："先须举三科法门，动用三十六对，出没即离两边，说一切法，莫离自性。忽有人问汝法，出语尽双，皆取对法，来去相因。究竟二法尽除，更无去处。"（《付嘱品》）此处慧能所强调的无非是心色如一，空有不二。

如果说三科是对于世界存在者的区分的话，那么三十六对法是慧能对于世界结构的独特的区分。它们分为三类。

第一类："对法外境无情五对：天与地对，日与月对，明与暗对，阴与阳对，水与火对，此是五对也。"（《付嘱品》）

第二类："法相语言十二对：语与法对，有与无对，有色与无色对，有相与无相对，有漏与无漏对，色与空对，动与静对，清与浊对，凡与圣对，僧与俗对，老与少对，大与小对，此是十二对也。"（《付嘱品》）

第三类："自性起用十九对：长与短对，邪与正对，痴与慧对，愚与智对，乱与定对，慈与毒对，戒与非对，直与曲对，实与虚对，险与平对，烦恼与菩提对，常与无常对，悲与害对，喜与嗔对，舍与悭对，进与退对，生与灭对，法身与色身对，化身与报身对，此是十九对也。"（《付嘱品》）

在上述分类中，第一类是外境无情。它们是自然事物。与人类等有情（有生命）的存在者不同，它们是无情的存在者，亦即无生命的存在者。

第二类包括了法相和语言。它们有的是指称诸法的现象，有的是描述诸法的语言。

第三类包括了自性生起作用而成的事物。自性有，则有这些事物；自性无，则无这些事物。

事实上，第一类属于色法，其明显采用了中国的儒道传统思维思想对于自然的区分及表达方式。第二类基本上是心法对于色法的构成物。第三类则完全是心法自身的生起作用。

对于这三类法，慧能指明要破除其对立。慧能提出的原则是超出两边。"此三十六对法，若解用，即道贯一切经法，出入即离两边。"（《付嘱品》）这在于，万法就其相而言是对立的，但就其性而言是超出对立的。

同时，慧能还将此超出两边的原则具体化。"若有人问汝义，问有，将无对；问无，将有对；问凡，以圣对；问圣，以凡对。二道相因，生中道义。"（《付嘱品》）

慧能还根据超出两边的原则进行示例："如一问一对，余问一依此作，即不失理也。设有人问：何名为暗？答云：明是因，暗是缘，明没则暗，以明显暗，以暗显明，来去相因，成中道义。余问悉皆如此。汝等于后传法，依此转相教授，勿失宗旨。"（《付嘱品》）

在三科和三十六对的阐释中，慧能事实上不仅认为心法是万法之一，而且是万法之王。

第二，心生成万法。

论慧能

首先，万法的缘起在于心。佛教有诸多缘起理论，如十二因缘的业感缘起和唯识宗的阿赖耶识缘起。但慧能明确提出了心性缘起。他认为，"自性能含万法是大。万法在诸人性中。"（《般若品》）既然如此，他强调："万法尽在自心，何不从自心中顿见真如本性。"（《般若品》）他主张不仅万法，而且佛法也源于人的心性。"一切修多罗及诸文字、大小二乘、十二部经，皆因人置。因智慧性，方能建立。若无世人，一切万法，本自不有。故知万法本自人兴。一切经书，因人说有。缘其人中，有愚有智。愚为小人，智为大人。愚者问于智人，智者为愚人说法。愚人忽然悟解心开，即与智人无别。"（《般若品》）心是万法存在的最后根据。

其次，万法的显现在于心。心如同太阳。没有心，万法是黑暗的；有了心，万法是光明的。慧能说："于自性中万法皆现。"（《忏悔品》）这在于"真如自性起用。"（《定慧品》）真如自性就是自心，它规定了人的眼耳鼻舌身意等六根。慧能说："念者念真如本性。真如即是念之体，念即是真如之用。真如自性起念，非眼耳鼻舌能念。真如有性，所以起念。真如若无，眼耳色声，当时即坏。善知识，真如自性起念，六根虽有见闻觉知，不染万境，而真性常自在。故经云：能善分别诸法相，于第一义而不动。"（《定慧品》）

在说明心与万法的关系时，慧能借用了唯识宗八识理论，并加以了改造。唯识宗把人的意识分为眼、耳、鼻、色、身、意、末那和阿赖耶等八识。它认为，外境非有，内识非无。因此，唯识无境，一切为阿赖耶识所造。但慧能的自性或者自心不能等同于阿赖耶识。这在于，自性或自心超出了染净二元对立，无染无净。但阿赖耶识却是有染有净的。不过，自性或者自性却能生出染净。"自性能含万法，名含藏识。若起思量，即是转识。生六识，出六门，见六尘，如是一十八界，皆从自性起用。"（《付嘱品》）

最后，万法的变化在于心。世界中本无善法和恶法，善法和恶法生于一心。同时，从善法到恶法，或者，从恶法到善法，也在于一心。"一念思量，名为变化。思量恶事，化为地狱。思念善事，化为天堂。毒害化为龙蛇。慈悲化为菩萨。智慧化为上界。愚痴化为下方。自性变化甚多，迷人不能省觉，念念起恶，常行恶道。回一念善，智慧即生。此名自性化身佛。"（《忏悔品》）慧能强调自性能生正邪和善恶。"自性若邪，起十八邪；自性若正，走十八正。若恶用即众生用，善用即佛用。用由何等，由自性有。"（《付嘱品》）

唐人《金刚般若波罗蜜经》

论慧能

正是因为心生成万法，所以慧能在风幡之争时，提出了心动的观点。"时有风吹幡动。一僧曰'风动'，一僧曰'幡动'，议论不已。慧能进曰：'不是风动，不是幡动，仁者心动。'一众骇然。"（《行由品》）

二僧争风动还是幡动，慧能认为，"不是风动，不是幡动，仁者心动。"这里的"动"指的不是"动态"，而是"推动"，亦即：什么推动了幡动，或者：什么是幡动的原因。

二僧主张物动心不动。他们要么只是强调了风动，要么只是强调了幡动。他们没有看到风幡互动。与此不同，慧能主张心动物不动。但还有第三种可能：物动心亦动。此外还有第四种可能：心物皆不动。慧能主要是用"心动物不动"破二僧的"物动心不动"。唯有人的心念在动，物的存在和活动才能显现出来。这就是说，心才是物的原因。唯有心，才有风动和幡动的呈现。

第三，心与万法不二。

虽然心法是万法之一，但心决定万法。根据这种观点，万法不离心，但心也不离万法。没有万法，心自身是空的；没有心，万法自身是空的。

慧能强调了心与万法的合一："心量广大，遍周法界。用即了了分明，应用便知一切。一切即一，一即一切，去来自由，心体无滞，即是般若。"（《般若品》）所谓的一就是一心，所谓的一切就是万法。心贯通万法，一心即一切万法，一切万法即一心。在这种情况下，心就是万法，万法就是心。因此，心即是色，色即是心。心色不二，心色如一。

第二章　心的戒定慧

　　佛教思想的核心是戒定慧三学。它们是佛教关于人如何学佛并成佛的学说。戒学主要是为欲望划分边界；定学主要是关于禅定的技术和方法；慧学主要是般若智慧，亦即关于人与世界的大道。一般而言，人由戒达定，由定生慧，而得解脱，获自在。这样一种学佛和成佛的学说实际上也是佛教关于"欲望、技术和大道"的独特学说。人由限制邪恶的欲望而修习禅定的技术，由修习禅定的技术生发智慧大道，并由此觉悟成佛。

　　对于佛教的戒定慧三学，慧能反对人们对于它们只是作外在的规定。其中最典型的是神秀的解释。他说："诸恶不作名为戒，诸善奉行名为慧，自净其意名为定。"（《顿渐品》）神秀将戒定慧分开。其中，定是一种心灵的净化，戒和慧则是人的行为规范，具体化为遵守善恶的伦理道德标准。

　　与此不同，慧能将它们全部置于心地和自性的基础之上。心地或者自性就是智慧的本源之地，甚至就是智慧本身。慧能不仅用心地或者自性规定了智慧，而且也去规定了戒律和禅定。因此，慧能将戒定慧三学完全内在化了和心灵化了。通过这种变革，禅宗成为了中国历史上一种新的智慧之学。

　　"心地无非自性戒，

　　心地无痴自性慧，

　　心地无乱自性定。

　　不增不减自金刚，

　　身去身来本三昧。"（《顿渐品》）

论慧能

慧能认为，心地清净无染，远离贪欲，这就是自性戒，不是外在戒。心地光明无垢，除去无明，这就是自性慧，不是外在慧。心地常定自如，没有动摇，这就是自性定，不是外在定。自性本不生不灭，不垢不净，不增不减，如同金刚坚固不坏。行住坐卧，来去自由，心无挂碍执着，自是大定。

慧能解释道："自性无非、无痴、无乱，念念般若观照，常离法相，自由自在，纵横尽得，有何可立？自性自悟，顿悟顿修，亦无渐次，所以不立一切法。诸法寂灭，有何次第？"（《顿渐品》）戒定慧本于人的自性。但自性是实性空性。因此，戒定慧不能是有相的，而应是无相的。

一、戒

戒学作为三学之一，指的是佛教徒的规范、戒律。它一般分为止持戒和作持戒两大类。止持戒是否定性的，也就是说，人不应当做什么。作持戒是肯定性的，也就是说，人应当做什么。戒律事实上确定了一个佛教徒存在的边界，它具体化为善恶的区分：诸恶莫作，众善奉行。这包括了身体、心灵和言说等方面。当然，佛教的众多戒律还可分为小乘和大乘戒律等类型。

慧能虽然接受了佛教的戒律，特别是大乘菩萨戒律的基本思想，但他以作为自性的佛性对于它们重新进行了解释。一般的戒律执著于某种外在的规范，分为戒法（规范制度），戒行（守戒的行为方式），戒体（戒的本体），是有相戒。而慧能主张以佛性为戒体。佛性自身是内在的，实相无相。故以佛性为戒体的戒律是无相戒。慧能的无相戒主要不是对于佛教戒律条文的重新阐释，而是使人归依佛教的受戒活动由外在化变成内在化。

慧能为来山听法的信众传授了学佛的步骤或者次第。它主要包括下列几个方面：第一，自性五分法身香；第二，无相忏悔；第三,四弘誓愿；第四，无相三归依戒等。这些内容并非只是限定于传统的戒学，而是包括了戒定慧学。但是，戒学始终构成了所有内容的底线。

第一，自性五分法身香。"一戒香，即自心中，无非、无恶、无嫉妒、无贪嗔、无劫害，名戒香。二定香，即睹诸善恶境相，自心不乱，名定香。三慧香，自心无碍，常以智慧观照自性，不造诸恶；虽修众善，心不执著，敬上念下，矜恤孤贫，名慧香。四解脱香，即自心无所攀缘，不思善，不思恶，自在无碍，名解脱香。五解脱知见香，自心既无所攀缘善恶，不可沉空守寂，即须广学多闻，识自本心，达诸佛理，和光接物，无我无人，直至菩提，真性不易，名解脱知见香。善知识！此香各自内薰，莫向外觅。"（《忏悔品》）

上述五分法身香所包括的五个方面有所不同。戒香重在去恶；定香重在于善恶境相而不乱；慧香重在不执着善恶而观照自性。解脱香重在不攀援善恶而证空性得自在；解脱知见香重在不执着空性而获得菩提。从戒香到解脱知见香是一个层层递进的关系。其中，戒香的无恶是其他四香的基础。这也就是说，无恶不仅使戒香成为可能，而且使其他四香成为可能。如果没有戒香的话，那么其他四香都丧失了基础。但就戒香本身而言，它不是外在的，而是内在的。它是自性戒或者自心戒。

第二，无相忏悔。这是人以佛教的戒律为标准，对于自己犯戒的反省、审查、批评和改正。人通过外在的仪式来认清自己身、语、意的罪过。这一般要求人普请礼赞十方诸佛名号，诵经咒，在佛像面前念忏悔文并发露忏悔。但慧能认为，忏悔的根本不是在于其外在形式，而是在于其内在的念头。

慧能所说的忏悔重在消灭人心念的罪恶。"今与汝等授无相忏悔，灭三世罪，令得三业清净。

善知识！各随我语，一时道：弟子等，从前念、今念及后念，念念不被愚迷染；从前所有恶业愚迷等罪，悉皆忏悔，愿一时消灭，永不复起。

论慧能

弟子等，从前念、今念及后念，念念不被骄诳染；从前所有恶业骄诳等罪，悉皆忏悔，愿一时消灭，永不复起。

弟子等，从前念、今念及后念，念念不被嫉妒染；从前所有恶业嫉妒等罪，悉皆忏悔，愿一时消灭，永不复起。善知识！以上是为无相忏悔。"（《忏悔品》）

上述的所说的忏悔内容包括了愚痴、骄诳和嫉妒等。愚是愚蠢，痴是痴迷。愚痴是人处于无明状态；骄是骄傲和贪爱，诳是欺诈。骄诳是贪爱自己而轻欺他人。嫉为害贤，妒为相忌。嫉妒是对于优于自己的他人的嗔恨。总之，愚痴、骄诳和嫉妒属于贪嗔痴三毒。它们是人们遵守佛教戒律必须消灭的罪恶。

慧能阐释了忏悔的意义。"云何名忏？云何名悔？忏者，忏其前愆。从前所有恶业、愚迷、骄诳、嫉妒等罪，悉皆尽忏，永不复起，是名为忏。悔者，悔其后过。从今以后，所有恶业、愚迷、骄诳、嫉妒等罪，今已觉悟，悉皆永断，更不复作，是名为悔。故称忏悔。凡夫愚迷，只知忏其前愆，不知悔其后过。以不悔故，前愆不灭，后过又生。前愆既不灭，后过复又生，何名忏悔？"（《忏悔品》）慧能用前与后区分了忏与悔，强调人们不仅要消灭以前的罪过，而且要消灭以后的罪过。唯有如此，人们才能保证前念、今念和后念永远断绝贪嗔痴三毒。

第三，四弘誓愿。四弘誓愿是大乘佛教中菩萨戒（三聚净戒）。它聚集了摄律仪戒、摄善法戒、饶益有情戒。摄律仪戒综合了大小乘的一切戒律；摄善法戒包括了十万八千出离法门；饶益有情戒涵盖了慈悲喜舍等基本精神。菩萨戒表达了人上求菩提、下化众生的决心。它分别是：众生无边誓愿度，烦恼无边誓愿断，法门无尽誓愿学，无上佛道誓愿成。这相关于众生、自我、法门和佛道等四个方面。但慧能认为四弘誓愿的关键最终在于自心和自性。他将四弘誓愿表达为："自心众生无边誓愿度，自心烦恼无边誓愿断，自性法门无尽誓愿学，自性无上佛道誓愿成。"（《忏悔品》）

在这种创造性的转化中，慧能将人的迷误、修行和成佛等步骤还原为个体的心。这就把一种外在化的意愿变成了一种内在化的意愿。

首先，自心众生无边誓愿度。一般认为众生是有生命的存在者，但特别指具有无明烦恼、流转生死的迷界凡夫。他们是被救度者。同时，发愿修佛者则是救度者。但慧能将被救度者和救度者都阐释为人自己的心。"所谓邪迷心、诳妄心、不善心、嫉妒心、恶毒心，如是等心，尽是众生。"（《忏悔品》）众生并非外在众生，而是内心众生。同时人自性自度。"何名自性自度？即自心中邪见烦恼愚痴众生，将正见度。既有正见，使般若智打破愚痴迷妄众生，各各自度。邪来正度，迷来悟度，愚来智度，恶来善度。如是度者，名为真度。"被救度者是自己内心中的各种邪见，救度者是自己内心中的正见。

其次，自心烦恼无边誓愿断。一般将烦恼理解为迷惑不觉，包括了根本烦恼贪嗔痴三毒以及随烦恼。它能引起人的身心不安，带来痛苦，是生死轮回的原因。烦恼是被断者，发愿修佛者是能断者。但慧能将被断者和能断者都阐释为人自己的心。"烦恼无边誓愿断，将自性般若智，除却虚妄思想心是也。"（《忏悔品》）被断者是人的虚妄思想心，能断者是人的自性般若智。

再次，自性法门无尽誓愿学。它就是四圣谛中的道谛。一般将法门理解为众多修道者所入的门径，也是如来得道者所在的处所。法门一方面作为佛所说法具有绝对同一性，而称为不二法门；另一方面具有无限的差异性，而称为八万四千法门。但慧能将法门阐释为自性法门。"法门无尽誓愿学，须自见性，常行正法，是名真学。"（《忏悔品》）没有其他法门，唯有明心见性才是真正的法门。

最后，自性无上佛道誓愿成。一般认为人无法成佛，或者需要经历许多阶段才能成佛。但慧能认为修成佛道就在人内心的瞬间觉悟。"无上佛道誓愿成，既常能下心，行于真正，离迷离觉，常生般若，除真除妄，即

论慧能

见佛性，即言下佛道成。常念修行，是愿力法。"（《忏悔品》）佛道既消除迷情，也超离觉悟，达到心色如一，空有不二。

第四，无相三归依戒。归依是入教，在此由非佛教徒而成为佛教徒，而遵守佛教的戒律。三归依戒要求信众归依佛、法、僧三宝。佛是佛祖，法是佛法，僧是僧人。它们都以外在形态存在着。但慧能认为佛是觉、法是正、僧是净。它们都相关于人的自性和自心。因此，三归依戒由有相归依变成无相归依，由外在的归依变成了内在的归依。

慧能解释三归依。"归依觉，两足尊。归依正，离欲尊。归依净，众中尊。

从今日起，称觉为师，更不归依邪魔外道。以自性三宝常自证明。劝善知识，归依自性三宝。佛者，觉也。法者，正也。僧者，净也。自心归依觉，邪迷不生，少欲知足，能离财色，名两足尊。自心归依正，念念无邪见，以无邪见故，即无人我贡高贪爱执著，名离欲尊。自心归依净，一切尘劳爱欲境界，自性皆不染著，名众中尊。"（《忏悔品》）

慧能认为佛是觉悟，突破迷情，了达诸法实相；法是正道，远离邪路，以求明心见性；僧是纯净，没有污染，保持自身本性。在这样的意义上，所谓三宝就是人的内在三宝，是自性和自心，也就是人的佛性。

因此，三归依是人向自身佛性的归依。慧能说："若修此行，是自归依。凡夫不会，从日至夜，受三归戒。若言归依佛，佛在何处？若不见佛，凭何所归？言却成妄。善知识！各自观察，莫错用心。经文分明言自归依佛，不言归依他佛。自佛不归，无所依处。"（《忏悔品》）如果人们试图寻找一个外在的佛的话，那么永远也不可能寻找到佛，因此也永远不可能归依佛。人们只有回到自己的内在的心性，才能发现自己的佛性，因此才能归依自己的佛。

人们所归依的佛一般有一体三身说。但慧能认为，一体三身佛实际上是一体三身自性佛。因此慧能要求信众："于自色身归依清净法身佛；于自色身归依圆满报身佛；于自色身归依千百亿化身佛。"（《忏悔品》）三身佛并非是三种神秘的外在的佛的存在，而其实就是人的自性的三种不同形态。

二、定

与戒学一样，定学也是佛教的三学之一。禅定也叫禅观，其梵语的音译为"三昧"或者"三摩地"。所谓的禅定是指心灵专注一境的修炼活动及其状态。但事实上，禅定作为一种修行的方式存在于佛教之外的许多宗教实践之中。在印度，一些外道就非常重视禅定，如瑜伽等。佛教只不过是更凸显了禅定的意义并将其系统化了。在中国，儒家和道家关于心的修炼功夫实际上也具有禅定的相似特性。正是因为如此，所以唐宋以后儒家的静坐、道家的内丹、禅宗的禅定能够相互借鉴。当然，只是在佛教中，禅定才形成了主题，并具有非常重要的意义。

禅定虽然合在一起，但禅与定仍有一定的差异。禅是静虑，是观照内心；定则是心不散乱而止于一处。作为心灵自身净化的过程，禅定事实上包括了止和观两个方面。

为了心灵的修炼，佛教采用了一系列的禅法。小乘佛教一般将禅定划分为四禅八定的修行层次。四禅分别是：离生喜乐、定生喜乐、离喜妙乐和舍念清净。八定除了四禅的四色界定之外，还包括四无色界定。它分别是：空无边处定、识无边处定、无所有处定和非想非非想处定。大乘佛教则发展了更多的禅定的方法，如念佛禅、实相禅。在中国佛教实践中，人们也使用了一些禅法，最突出的如五门禅法（数息观、不净观、慈悲观、因缘观、界分别观）、止观双修等。

禅宗以禅命名，容易给人误解，仿佛它只是突显了戒定慧中的禅定。事实上，禅宗之禅与禅定之禅相关，但并非就是禅定之禅。

论慧能

首先，慧能认为禅宗的根本问题是般若，而不是禅定。它"惟论见性，不论禅定、解脱。"（《行由品》）既然禅宗所追求的是心灵的觉悟，那么它只有通过心灵而不是身体的修行来实现。但一般所说的禅定只是被狭隘地理解为单纯的身体的静坐行为。虽然身体的修炼为心灵的觉悟可以提供一定的条件，但它并不能直接解决心灵自身的问题。正如慧能所质疑的："道由心悟，岂在坐也。"（《护法品》）他还作偈说：

"生来坐不卧，死去卧不坐。

一具臭骨头，何为立功课。"（《顿渐品》）

人生来常坐不卧倒，人死去常卧不坐着。人的身体在生时有生的形态，在死时有死的形态。身体只是一具臭骨头，是被心灵所规定的。坐卧只是人的身体的状态，而非心灵的状态。但觉悟不在身，而在心。因此，人何必不在心灵上，而在身体上强立什么功课？这意在强调关键不是静坐禅定，而是明心见性。

其次，慧能指出禅定并非定于一相，而是定于无相。他当然也肯定禅定对于佛教修行的重要作用，但并不认为禅定就等同于坐禅或者静坐，而是认为它要遍及于人的日常生活世界的一切行为、思想和言说之中。人的日常生活世界的禅定化就是人一心一意地从事任何事情。这种禅定才是真正的禅定。

再次，慧能强调禅定在根本上就是般若。如此规定的禅定就不再是身体的静坐，而是心灵的觉悟。慧能将禅定解释为心地法门。禅定是自性不为外在的善恶境界所动摇。慧能说："何名禅定？外离相为禅，内不乱为定。外若著相，内心即乱；外若离相，心即不乱。本性自净自定。只为见境，思境即乱。若见诸境心不乱者，是真定也。"（《坐禅品》）慧能又说："何名坐禅？此法门中，无障无碍，外于一切善恶境界，心念不起，名为坐。内见自性不动，名为禅。"（《坐禅品》）

这种禅定同时就是明心见性。"于念念中，自见本性清净。自修，自行，自成佛道。"（《坐禅品》）因为禅定是心灵本性的呈现，所以它不是有相的，而是无相的。如此理解的禅定不仅能呈现自身的心性，而且能直接通达诸法的真实本性。"无所从来，亦无所去，无生无灭，是如来清净禅。诸法空寂，是如来清净坐"（《护法品》）。

关于真正的禅定，慧能的弟子转述其思想说："我师所说：'妙湛圆寂，体用如如，五阴本空，六尘非有，不出不入，不定不乱。禅性无住，离住禅寂。禅性无生，离生禅想。心如虚空，亦无虚空之量。'"（《机缘品》）慧能也对于真正的禅定予以说明："汝但心如虚空，不著空见，应用无碍，动静无心，凡圣情忘，能所具泯，性相如如，无不定时也。"（《机缘品》）这种作为般若的禅定就证入了心色如一和空有不二的诸法实相。

佛教主张的禅定有许多种，慧能也曾列举了数种禅定或者三昧，如那伽定和游戏三昧。所谓那伽定是龙定。龙处深渊，能静安默思，大有定力。佛如此，在行住坐卧中常保持大定。所谓游戏三昧是狮子之定。狮子入众兽之中，自在无所畏惧。菩萨如此，在诸种三昧中，能自在入，自在住和自在出。但慧能主要阐明了三种禅定，即般若三昧、一相三昧和一行三昧。

关于般若三昧，慧能说："智慧观照，内外明彻，识自本心。若识本心，即本解脱。若得解脱，即是般若三昧。般若三昧，即是无念。何名无念？若见一切法，心不染著，是为无念。用即遍一切处，亦不著一切处。但净本心，使六识，出六门，于六尘中，无染无杂，来去自由，通用无滞，即是般若三昧，自在解脱，名无念行。若百物不思，当令念绝，即是法缚，即名边见。"（《般若品》）般若三昧就是定于智慧，或者是智慧之定。在这种定或者三昧中，人不是定于一相，而是定于一性。

所谓一相三昧，是大乘诸多三昧之一。它是定于一相，而达到实相无相。人观佛相好而念佛，进而转入无相念，最终达到法界一相，而证入无相不相之实相。所谓一行三昧，也是大乘诸多三昧之一。它是定于一行，而最终也达到法界一相。这也如同一相三昧一样。因此，人们认为一相三昧和一行三昧虽然名称有二，但实为一种。一相三昧重在相，它要求人心系于一相，亦即人专注于佛相自身。但一行三昧重在行，它要求人心系于一行，亦即人连续修持静坐修禅。

但慧能所说的一相三昧和一行三昧与传统大乘所阐释的不同。慧能说："若欲成就种智，须达一相三昧，一行三昧。若于一切处而不住相，于彼相中不生憎爱，亦无取舍，不念利益成坏等事，安闲恬静，虚融澹泊，此名一相三昧。若于一切处，行住坐卧，纯一直心，不动道场，真成净土，此名一行三昧。若人具二三昧，如地有种，含藏长养，成熟其实。一相一行，亦复如是。"（《付嘱品》）慧能还对一行三昧加以说明："一行三昧者，于一切处行住坐卧，常行一直心是也。《净名经》云：直心是道场，直心是净土。莫心行谄曲，口但说直，口说一行三昧，不行直心。但行直心，于一切法，勿有执著。迷人著法相，执一行三昧，直言常坐不动，妄不起心，即是一行三昧。作此解者，即同无情，却是障道因缘。"（《定慧品》）

慧能所说的一相三昧不是专注于佛相，而是不住于一切相，于相而离相，达到实相空相，而定于自性；他所说的一行三昧不是静坐禅修，而是不住于一行，于行而修行，达到随缘任运，定于自心。常行直心即行真心，呈现自性自心。

对于慧能而言，所谓三昧其实不再只是禅定，而是般若，亦即智慧。

三、慧

在对于禅定的解释中，慧能已经引入了关于禅定和智慧之间关系的探讨。

一般认为，定慧有别，因定生慧，或者因慧生定。但慧能的禅宗反对这种关于定慧惯常的看法："诸学道人，莫言先定发慧，先慧发定，各别。

作此见者，法有二相，口说善语，心中不善，空有定慧，定慧不等。若心口俱善，内外一如，定慧即等。"（《定慧品》）

慧能认为定慧一体。"我此法门，以定慧为本。大众勿迷，言定慧别。定慧一体，不是二。定是慧体，慧是定用。即慧之时定在慧，即定之时慧在定。若识此义，即是定慧等学。"（《定慧品》）

慧能把定慧的关系比喻成灯与光的关系。"有灯即光，无灯即暗，灯是光之体，光是灯之用。"（《定慧品》）灯是光之灯，光是灯之光。一方面，灯在光之中显现自身为灯；另一方面，光是灯发出和照耀的光芒。于是，定是慧之定，慧是定之慧。这表明禅定和智慧要相互规定。但在事实上，慧能要求智慧最终去规定禅定。

但什么是智慧本身？佛教所说的智慧就是真理。它是对于诸法破除了一切迷情妄相的真知，因此，它证悟了诸法实相并能解脱人的生死。因为它与世间的智慧（也就是聪明）不同，所以人们一般采用梵语的"般若"一词。般若可理解为一种伟大的圆满的智慧。

佛教的智慧虽然是关于世界万法的智慧，但主要是关于心的智慧。这

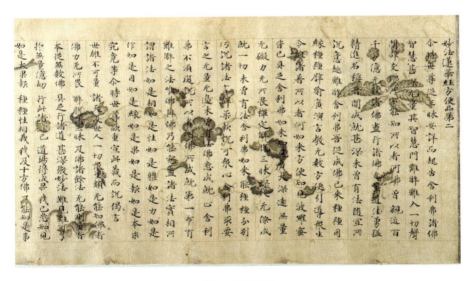

唐人《法华经》

235

论慧能

在于万法唯识，一切唯心。同时，佛教的智慧是空性的智慧。这在于缘起性空，性空缘起。佛教智慧的根本是心色如一，空有不二。由此，佛家的智慧成为一种特别的智慧，而区分于其他形态的智慧，如西方的神的智慧和中国佛道的天的智慧。

一般而言，般若可以分为实相般若（佛所达的诸法如实之相）、观照般若（理解并亲证佛所说的道理）和文字般若（佛所言说的亲证的实相）等。其中，实相般若是指诸法如实之相的智慧。诸法实相是不可思议和不可言说的。首先，实相无相，它没有一法；其次，实相无不相，它遍一切法；最后，实相无相无不相。它无一法却遍一切法。空而非空，有而非有。真空妙有，妙有真空。

无论是对于小乘佛教而言，还是对于大乘佛教而言，般若都具有特别的意义。无论是在戒定慧三学中，还是在布施、持戒、忍辱、精进、禅定和般若六度中，智慧无疑是最重要的。唯有获得了般若智慧，人才能解脱生死轮回，而成就佛果。

就智慧本身而言，其修习有其次第，它们分别为闻所成慧、思所成慧、修所成慧和证所成慧等。

与一般佛教对于智慧的理解不同，慧能所说的智慧又具有自身独特的内涵。他在解释"大智慧到彼岸"时，把一切归于心的本性。他认为大就是心空，如同虚空一样；智慧就是心对于万事万物的认识；到彼岸就是克服了生灭的变化，达到了无生无灭的诸法实相。虽然智慧是特别的、伟大的，但它并不神秘。慧能将智慧还原到人的日常生活世界之中。智慧就存在于人生命时时刻刻的一念之中。但人的一念可能是智慧的，也可能是愚蠢的。智慧是作为智念与愚念相区别并保持自身的觉悟。慧能说："何名般若？般若者，唐言智慧也。一切处所，一切时中，念念不愚，常行智慧，即是般若行。一念愚即般若绝；一念智即般若生。世人愚迷，不见般若。口说般若，心中常愚，常自言我修般若，念念说空，不识真空。般若

无形相，智慧心即是。若作如是解，即名般若智。"（《般若品》）

慧能认为，般若并非只是佛才具有，而是人也具有。同时，般若不是外在于人，而是内在于人的。根据慧能的观点，心就其本性而言不仅拥有智慧，而且就是智慧。他认为，世人性净，犹如青天。"智如日，慧如月，智慧常明。于外著境，被妄念浮云盖覆自性，不得明朗。故遇善知识，闻真正法，自除迷妄，内外明彻，于自性中万法皆现。"（《忏悔品》）这是一个比喻说法。它描述了这样一个过程：

首先，人具有光明的智慧。其本性是清净的，没有污染的。

其次，人的智慧被遮蔽。所谓妄念就是贪嗔痴三毒。它们将人清净的本性变成污染。

最后，人重新获得自身的智慧。人由他人启发，自己觉悟，而明心见性。

但这一过程实际上并不漫长，不过是一念之间，也就是以智慧之念克服愚蠢之念。

人获得佛的智慧也就是获得了佛的知见。《法华经》说，诸佛世尊，唯以一大事因缘故出现于世。所谓一大事，慧能认为不是其他什么事情，而就是佛的知见，也就是佛关于心色如一和空有不二的智慧。关于佛的知见，一般都分为开、示、悟、入四个方面，也就是开启、显示、证悟和契入。

慧能解释了佛之知见的开示悟入。"佛，犹觉也。分为四门：开觉知见，示觉知见，悟觉知见，入觉知见。若闻开示，便能悟入。即觉知见，本来真性而得出现。"（《机缘品》）这是一个循序渐进的完整过程。慧能认为，所谓佛的知见的开、示、悟、入不是外在于人的自性的，而是内在于人的自性的。它正是人的自性的开、示、悟、入。诸佛世尊出现于世，是为了众生自性的开、示、悟、入；同样，智者的开导，也是为了愚者自性的开、示、悟、入。

论慧能

在开、示、悟、入的过程中，开佛知见是获得佛的智慧的最重要的开端。开是开启，它把人从迷误开为觉悟。"世人外迷著相，内迷著空。若能于相离相，于空离空，即是内外不迷。若悟此法，一念心开，是为开佛知见。"（《机缘品》）

慧能认为，不是佛开启自己的佛之知见，而是开启众生的佛之知见。同时，不是一个外在的佛在开启人的佛之知见，而是人内在的佛性在开启人的佛之知见。"汝慎勿错解经意，见他道开示悟入，自是佛之知见，我辈无分。若作此解，乃是谤经毁佛也。彼既是佛，已具知见，何用更开？汝今当信佛知见者，只汝自心，更无别佛。盖为一切众生，自蔽光明，贪爱尘境，外缘内扰，甘受驱驰。便劳他世尊，从三昧起，种种苦口，劝令寝息，莫向外求，与佛无二。故云开佛知见。"（《机缘品》）

佛之知见区分于众生知见。前者是觉悟，后者是迷误。因此，慧能说："吾亦劝一切人，于自心中，常开佛之知见。世人心邪，愚迷造罪。口善心恶，贪嗔嫉妒，谄佞我慢，侵人害物，自开众生知见。若能正心，常生智慧，观照自心，止恶行善，是自开佛之知见。"（《机缘品》）从佛知见与众生知见的不同也是出世与世间的差别。"汝须念念开佛知见，勿开众生知见。开佛知见，即是出世；开众生知见，即是世间。"（《机缘品》）人只有从众生知见转向佛之知见，才能超离世间而达到出世。

　　虽然自性或者佛性常在，但它却又常被遮蔽。为何如此？正是因为每人天生就具有佛性，所以他才有可能迷失和遮蔽佛性。对于一个没有佛性的存在者来说，它既不可能拥有佛性，也不可能失却佛性。因此，人的佛性及其遮蔽具有内在关联。

　　慧能认为，佛性之迷误就是人清净的本性被污染，仿佛是青天被浮云所遮盖一样。这并非一个个别的事件，而是一个普遍的事实。那些具有自性的大众一般都处于其自性的迷误之中。根据这种情况，人的自性存在一个原初的悖论，亦即两种对立的现象。一方面，人的自性并不是原始无明，而是清净的；另一方面，人的自性又不是完全不受他物的影响，而是无时不处在迷误之中。不过，自性的清净是内在的、必然的和永恒的，而自性的迷误是外在的、偶然的和暂时的。但自性的迷失却形成了无明、烦恼和种种罪过。

　　人自性的迷失在根本上表现为人的自心的迷失。这就是说，心灵自身蒙蔽了自身或者被他物蒙蔽了自身。这是如何发生的？心迷在于起念，在于人产生了意念。当然所谓的意念并不是意味着一般的意念或者是任何一种意念，而是一种与正念不同的邪念。这里的起念指的正是邪念的生起。佛教所说的邪念不是其他什么念头，而就是三毒，亦即贪嗔痴。贪是贪欲，是对于外在事物的渴求和占有；嗔是愤怒和仇恨，是要伤害甚至是要消灭他人或者他物；痴就是无明，是无知或者是误知。当人的心灵产生这三种邪念的时候，人的自性就隐而不现了。

论慧能

慧能将心的迷误区分为为著相和著空两种形态。

一、著相

著相是心游履攀缘于外在事物并被它们所影响。但当心受制于物的时候，它就会被物所束缚，并被物所遮蔽。

但外迷著相不仅表现为一般的自性的迷失，而且表现为人们在学佛和成佛的道路上的种种迷失。这就是说，人们虽然发现了自性的迷失并试图返回自性，但这一寻找自性的过程也会发生外迷著相。只是人们没有觉悟自身，不知道自己处于迷误之中。

一般追求觉悟的过程就是大小乘佛教所共同主张的戒定慧三学的修习过程。如果人们如慧能那样将戒定慧三学理解为自性或者佛性的话，那么他将走向自性觉悟的道路。反之，人们不仅误解了佛教的基本学说戒定慧，而且也导致了自性的迷失。这有种种不同的表现。

第一，人们将戒律不是理解为无相的，而是理解为有相的。佛教有很多教规，借此将佛教徒从非佛教徒中区分出来。但仅仅遵守外在的规定，并不能使人达到心灵的觉悟。相反，对于规则的被动服从也许只是成为了一种空洞的无意义的行为。

第二，人们的禅定不是心灵的觉悟，而是身体的静坐。这种静坐以身体的修炼取代了心灵的开启，以空心无思、常坐不动置换了日常生活的随缘任运、来去自由。它实际上是一种对于身心的损害。只有当禅定和智慧结合的时候，它才能使人达到自性。

慧能批判了关于禅定的种种错误行为。"善知识！道须通流，何以却滞？心不住法，道即通流。心若住法，名为自缚。若言常坐不动是，只如舍利弗宴坐林中，却被维摩诘诃。

善知识！又有人教坐，看心观静，不动不起，从此置功。迷人不会，

便执成颠。如此者众。如是相教，故知大错。"（《定慧品》）

真正的禅定既非看心观静，也非不动。慧能说："此门坐禅，元不著心，亦不著净，亦不是不动。若言著心，心原是妄。知心如幻，故无所著也。若言著净，人性本净。由妄念故，盖覆真如，但无妄想，性自清净。起心著净，却生净妄。妄无处所，著者是妄。净无形相，却立净相，言是工夫。作此见者，障自本性，却被净缚。"（《坐禅品》）

第三，人们追求智慧时不向内求，而向外求。于是，一种对于智慧的追求变成了一种对于愚蠢的向往。慧能多次指出，佛即佛性或自性。因此，求佛不能向外，而要向内。但很多人却把佛性等同于佛的偶像，并把自性的觉悟误解为偶像的崇拜。同时，人们只是注重读经，相信由此可以获得无上菩提。但慧能认为，口念般若，不认自性般若，这是愚不是智。另外，对于般若口念心不行，不过是如幻如化、如露如电。

除了戒定慧之外，大乘佛教还主张有与小乘佛教所不同布施、忍辱和精进等，它们合称六度。其中，布施是六度之首。这是因为布施体现了大乘佛教普度众生的慈悲情怀。但慧能认为，造寺、度僧、布施、设斋只是修福，而不是修功德。"武帝心邪，不知正法，造寺度僧，布施设斋，名为求福，不可将福便为功德。功德在法身中，不在修福。"（《疑问品》）

那么什么是真正的功德？慧能强调："见性是功，平等是德。念念无滞，常见本性，真实妙用，名为功德。内心谦下是功，外行于礼是德。自性建立万法是功，心体离念是德。不离自性是功，应用无染是德。若觅功德法身，但依此作，是真功德。若修功德之人，心即不轻，常行普敬。心常轻人，吾我不断，即自无功。自性虚妄不实，即自无德，为吾我自大，常轻一切故。"（《疑问品》）慧能又说："念念无间是功，心行平直是德。自修性是功，自修身是德。"（《疑问品》）

修炼功德是修炼人的自性和自心。但人们往往将修福代替了功德。慧能的偈颂批评说：

论慧能

"迷人修福不修道，只言修福便是道。

布施供养福无边，心中三恶元来造。

拟将修福欲灭罪，后世得福罪还在。

但向心中除罪缘，各自性中真忏悔。"（《忏悔品》）

修福主要是修善业，以求获得福报。修道是修心性，以求明心见性。修福和修道是两种不同的事情，但迷人错把修福当成了修道，而遗忘了修道。布施供养虽然也属于大乘的六度之一，但它只是修善业。当人希求福报的时候，他心中还怀有贪嗔痴三恶。修福无法消灭自己贪嗔痴。即使人通过修福获得了福报，但人依然还有罪恶。人要在心中除去贪嗔痴三毒，在自性中进行真正地忏悔。

修福之人并没有修炼人的心性，也就是没有修炼功德，故依然处于深重的迷误之中。"功德须自性内见，不是布施供养之所求也。是以福德与功德别，武帝不识真理，非我祖师有过。"（《疑问品》）

此外，慧能还批评了一些修佛过程中的著相的行为。"若著相于外，而作法求真，或广立道场，说有、无之过患，如是之人，累劫不可见性。"（《付嘱品》）这些行为无关于人的心性本身。它们不是显现心性，反而是遮蔽心性。

二、著空

慧能指出，自性的迷误不仅有外迷著相，而且有内迷著空。在修道的过程中，虽然人们能意识到一切有相的虚幻性，并克服对于它们的执着，但也会陷入另外一种情形之中，即执着于一种空洞的心灵。慧能说："又有迷人，空心静坐，百无所思，自称为大。此一辈人，不可与语，为邪见故。"（《般若品》）

著空之人错误地理解了正见和正知。有一法师指导人说："汝之本性，犹如虚空，了无一物可见，是名正见。无一物可知，是名真知。无有青黄长短，但见本源清净，觉体圆明，即名见性成佛，亦名如来知见。"（《机缘品》）

慧能认为，这种所谓本性虚空的思想仍然存在见知。它看起来虽空，但依然是一种有。据此，人并没有达到对于自性的觉悟。慧能以偈颂揭示了其虽言说空但执着有的实质：

"不见一法存无见，大似浮云遮日面。

不知一法守空知，还如太虚生闪电。

此之知见瞥然兴，错认何曾解方便。

汝当一念自知非，自己灵光常显现。"（《机缘品》）

慧能指出，虽然自性不见一法，但还存在无见的妄念，此无见遮住自性，就如同浮云遮住了太阳的光辉。虽然自性不知一法，但还守住空知的妄念，此空知障碍本性，就如同闪电闪耀在太空之中。这种无见和空知的妄念突然兴起，如果人们把它错认为是真实的知见的话，那么何曾理解了见性的方便法门？你要一念之间自己知道存无见和守空知是错误的，于是自己心性的灵光就会永远闪现。

著空之人的修道行为也是错误的。有一僧人的偈颂说：

"卧轮有伎俩，能断百思想。

对境心不起，菩提日日长。"（《机缘品》）

慧能认为，这一偈颂没明心地。人自性真空，但如不知真空就已经为迷误所束缚；同时，人用断思而求性空，则又为迷误所束缚。此为双倍束缚。针对此著空行为，慧能的偈颂说：

"慧能没伎俩，不断百思想。

对境心数起，菩提作么长。"（《机缘品》）

慧能声称他自己没有什么技能。这是因为佛在自性，无需技能。他自己不能断除各种思想。这是因为自性本来无思想，无需断思想。面对外境

论慧能

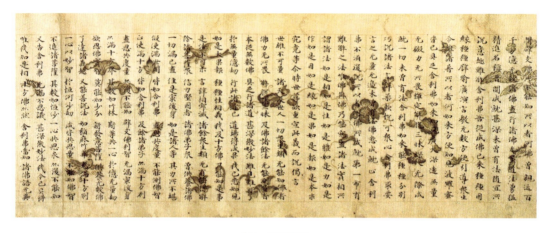

唐人《法华经》

心念数起。这是因为自性清净光明，能现万象。菩提智慧如何生长？这是因为菩提智慧不生不灭、不垢不净、不增不减。

另外，那些著空之人甚至反对文字，反对经文。这种极端的做法不仅否定了佛所言说的智慧，而且也自相矛盾，否定了自己任何言说的可能。慧能认为这不过是一种邪见而已，因为它并没有显现心性，而是遮蔽心性。慧能说："执空之人有谤经，直言不用文字。既云不用文字，人亦不合语言。只此语言，便是文字之相。又云直道不立文字，即此不立两字，亦是文字。见人所说，便即谤他言著文字。汝等须知，自迷犹可，又谤佛经。不要谤经，罪障无数。"（《付嘱品》）诸法实相空有不二。它虽不可言说，但人要言说此不可言说。只有在言说之中，此不可言说才能显示出来。同时，佛经作为诸法实相的言说，一方面源于不可言说的佛性智慧；另一方面能够开启这一不可言说的佛性智慧。

　　人的迷误虽然有很多方面，但关键在于其迷念，也就是人自身心灵的迷失。针对这种情况，对于迷误的克服就不是借助其他什么方法，而只是依靠心灵自身消除心灵的迷失。

　　慧能指出："菩提般若之智，世人本自有之，只缘心迷，不能自悟。须假大善知识，示导见性。当知愚人智人，佛性本无差别，只缘迷误不同，所以有愚有智。"(《般若品》)虽然人人都有自性，但迷误的人没有发现它，所以是愚蠢人；反之，开悟的人获得了它，所以是智慧人。愚人之所以是愚人，是因为他不能自悟。当他要觉悟自性的时候，就必须借助于智者的开导，然后达到自己觉悟。

　　但那些迷误的人们如何才能真正觉悟呢？这唯有获得佛教的智慧。慧能说："摩诃般若波罗蜜最尊最上最第一，无住无往亦无来，三世诸佛从中出。当用大智慧，打破五蕴烦恼尘劳。如此修行，定成佛道。变三毒为戒定慧。"(《般若品》)此智慧就是心色如一和空有不二的智慧。它宛如利剑，空有双运，以空破有，以有破空。

　　慧能将此智慧法门表述为"无念"，并且认为是禅宗自己最基本的修行法门。这在于慧能将智慧的根本归结为心，而心的现实活动就是时时刻刻的心念。"我此法门，从一般若生八万四千智慧。何以故？为世人有八万四千尘劳。若无尘劳，智慧常现，不离自性。悟此法者，即是无念。无忆无著，不起诳妄，用自真如性，以智慧观照，于一切法，不取不舍，即是见性成佛道。"(《般若品》)尽管佛教法门众多，有八万四千种法门，

论慧能

但也归一，只有不二法门。此不二法门就是佛教心色如一和空有不二的智慧。由此智慧生出八万四千种法门。

对于无念，慧能做了三个方面的具体规定，亦即"无念"、"无相"和"无住"。慧能说："我此法门，从上以来，先立无念为宗，无相为体，无住为本。"（《般若品》）所谓的"宗"、"体"和"本"虽然在语意上略有差异，但都具有相同的意味，是指事物的根本。无念、无相和无住同为禅宗修行法门，三者都具有一个共同的特性：否定。否定是让一个已经的存在者转变为其对立面，成为非存在者。作为一种心灵的否定活动，无念、无相和无住就是去掉心灵的已经的遮蔽，从而显示真实的自身，也就是让心灵获得智慧。虽然无念、无相和无住都具有否定的特性，但它们之间也有一定的差异。如果说无念重在心念，无相重在法相的话，那么无住则重在行为。

一、无念

无念是对于念的否定。但这首先必须承认人是有念的。心的现实活动是念，心即念。因此，无念不能被理解为没有心灵的活动，如同石头和植物一样，或者如同人们所说的心如死灰。这是对于无念的极大的误解。人作为一个有生命的存在在根本上也是一个具有心灵活动的存在，据此，人不可能为了达到心灵的无念而消除其心灵活动本身。慧能说："若只百物不思，念尽除却，一念绝即死，别处受生，是为大错。"（《定慧品》）这种无念不是心灵的觉悟或者新生，而是它的彻底死亡。

但人的念头有真念和妄念之分，也就是纯念和杂念。因此，无念也就具有两种不同的意义。当念是杂的时候，无念就是否定这种念头；当念相反是纯念的时候，无念就是显示这种念头。当然，在慧能那里，无念更主要是在消除杂念的意义上说的。

于是，真正的无念不是离念和断念，而是于念而不念，在妄念中获得真念。慧能说："于诸境上心不染，曰无念。于自念上，常离诸境，不于境上生心。"（《定慧品》）这无非表明，无念虽然是心灵的活动，但它不执著于万物，也就是不被外物所遮蔽。在这一语境中，念是指被外物污染之念，而不是纯洁之念。无念就是要消除被外物污染之念，而达到纯洁之念。无念超出了善恶之念。"不思善，不思恶，正与么时，那个是明上座本来面目？"（《行由品》）这并非否定善恶的实际区分，而是强调心灵要远离善恶的对立。纯洁之念不仅要排除恶念，而且要排除善念。这在于一种善念也会导致其对立面恶念的出现。同时，人执着于善念也是一种邪念。故纯洁之念是非善非恶的。

无念不仅否定人的心灵的已有的杂念，而且它要人们不要生起未有的杂念。起念是在真如之念外另生杂念。它是心外生心，念外生念。慧能在此从妄净两个方面都否定了起心看心。人的心念是虚妄的，一旦起心看心，就会妄念产生；同时人的本性是清净的，一旦起心看心，也只会净外加妄。因此，关键是保持本性的清净，同时保持心灵回归到本性。

念与无念虽然在相上具有差异，但在性上却是同一的。它们都是真如自性的功用。真念和妄念都是同一个心念。真念是真如自性的显现，妄念是真如自性的遮蔽。无念不过是真念对于妄念的否定而已。这样，无念既是无邪之念，也是真如之念。"无者无何事，念者念何物？无者无二相，无诸尘劳之心；念者念真如本性，真如即是念之体，念即是真如之用。"（《定慧品》）无念是人的心念从妄念转向真念。在此，念和真如建立了一种内在的体用关系。一方面，真如不是无心灵的，而是有心灵的；另一方面，念不是杂念，而是纯念，也就是真如之念。

论慧能

二、无相

无相则是对于相的否定。所谓的相就是与心灵相对的各种事物，包括心之外的各种境界。同时，相也是与性相对立的各种现象，它具有时空性，有生有灭。人容易为相所迷，而执着于相。被相所胶着也就是起相和住相。但所有相，皆是虚妄。相由心生，为人所造。

但实相无相。这在于缘起性空，缘起假有，自性真空。因此，人不可执着于相。

什么是无相？无相是对于实相的遮诠，亦即否定性的表达。它不是指彻底消灭相，而是指于相而离相。慧能说："外但离一切相，名为无相。但能离于相，即法体清净。"（《定慧品》）与此相应，所谓无相也包括了两方面的意义：一方面是不起相，另一方面是不住相。慧能不仅强调人们要克服对于境相的执著，而且认为自己所有的禅宗修行都是"无相行法"。这种无相一方面是由色回到心，另一方面是由有回到空。

三、无住

无住是对于住的否定。住是指人执著于诸法，并被它所束缚。同时，人在心念上系缚于前念、今念、后念。

但万法本来不住，人心亦本来不住。万法都是迁流不息的。诸行无常，诸法无我。一切法都是变化的，生住异灭。因此，人不可住法。《金刚经》强调了"应无所住而生其心"。

何为无住？慧能说："无住者，人之本性，于世间善恶好丑，乃至冤之与亲，言语触刺欺争之时，并将为空，不思酬害，念念之中，不思前境。若前念、今念、后念，念念相续不断，名为系缚。于诸法上，念念不住，即无缚也。"（《定慧品》）无住就是人摆脱对于心念的束缚，而达到自由。一旦人能达到心念的无住，便能瞬间体悟人的清净的本性。心不住法，道即流通。

无念、无相和无住作为禅宗的修行的法门在根本上是般若法。它唯一的目的就是为了明心见性，获得心色如一和空有不二的伟大智慧。慧能说："智慧观照，内外明彻，识自本心。若识本心，即本解脱。若得解脱，即是般若三昧。般若三昧，即是无念。何名无念？若见一切法，心不染著，是为无念。用即遍一切处，亦不著一切处。但净本心，使六识，出六门，于六尘中，无染无杂，来去自由，通用无滞，即是般若三昧，自在解脱。名无念行。"（《般若品》）

作为获得心色如一和空有不二的智慧法门，无念、无相和无住始终是空有双运的。一方面，念中无念、相中无相，住中无住；另一方面，无念不无念，无相不无相，无住不无住。在此，三无与三有是不二的。因此，无念、无相和无住的根本就是既不执著于色，也不执著于心；既不执著于有，也不执著于空。

作为智慧的法门，无念、无相和无住表现为禅定（三昧）。无念对应于般若三昧。基于般若智慧的缘起性空，无念就是无邪念，亦即无分别、无对立。但无念同时是念自性，念真如，念清净。无相对应于一相三昧。它不执著于一相。无住对应于一行三昧。它不停滞于一行。从无念、无相和无住的规定来看，慧能的法门在根本上定慧不二、定慧合一。

如果说"无念"主要是从否定方面而言，那么"开悟"则主要是从肯定方面而言。但无念自身就是开悟，开悟自身就是无念。这在于无念是去蔽，开悟是显示。但去蔽同时就是显示。慧能说："悟无念法者，万法尽通。悟无念法者，见诸佛境界。悟无念法者，至佛地位。"（《般若品》）诸法的实相就是无相，诸佛的境界就是空性。由此，人证得无上菩提的圣果：缘起性空，明心见性。慧能说："见性之人，立亦得，不立亦得，去来自由，无滞无碍，应用随作，应语随答，普见化身，不离自性，即得自在

论慧能

神通，游戏三昧，是名见性。"（《顿渐品》）明心见性获得了伟大智慧，无人无我，得大解脱，获大自在。

慧能的无念法实现了从迷悟到觉悟的根本转变。他说："著境生灭起，如水有波浪，即名为此岸。离境无生灭，如水常通流，即名为彼岸。"（《般若品》）于是，无念法作为禅宗的法门是从此岸到彼岸的大智慧。

这种转变只是发生在一念之间，也就是心的瞬间。因此，禅宗在本性上不是一种渐修法，而是一种顿悟法。"前念迷即凡夫，后念悟即佛。前念著境即烦恼，后念离境即菩提。"（《般若品》）顿悟不是理智，不是逻辑推理，而是直观，是直接呈露人与世界的本性。

禅宗的顿悟意味着，人不仅可以成佛，而且从凡夫到佛的提升的过程并不是一个漫长的修行过程，而是刹那间的事情。这样一种顿悟成佛说是对于佛教历史上关于成佛学说的一次根本性的革命。小乘佛教认为人通过修行只能证得阿罗汉果，达到个人的解脱。人不可能成为菩萨，更不可能成为佛。与此不同，大乘佛教以成佛为目的，自觉觉人。但菩萨的修行是一种渐修，并有着极为复杂的次第阶级。虽然它也承认顿悟，但它认为渐修始终是顿悟的基础，而顿悟只是发生在渐修的最后次第。有别于历史上的佛教，慧能的无念法是对于自性的顿悟，因此，"自性自悟，顿悟顿修，亦无渐次。"（《顿渐品》）这是心念的转变。这便为芸芸众生每时每刻的觉悟和成佛敞开了一条广阔而方便的道路。

一、佛

所谓的顿悟成佛实质上意味着人能即身成佛，也就是能肉身成道，成为肉身菩萨或肉身佛。成佛不是未来的事情，更不是死亡后的事情，而是现实的，且是此时此地当下的事情。当人自身成为佛的时候，那么所谓的佛自身的意义就需要重新理解和解释。

一般将修行者分为声闻、缘觉和菩萨三乘，另外还有最上乘的佛。但

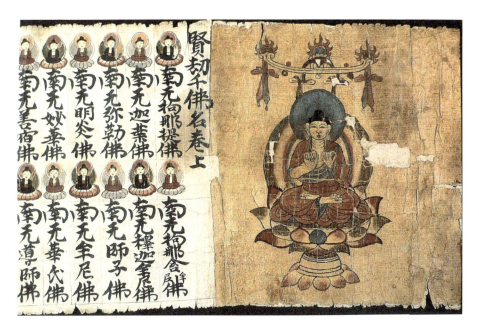

五代人《写贤劫千佛名经及彩绘》

论慧能

慧能认为，三乘只是方便说法，实际上唯有一佛乘。他说："诸三乘人，不能测佛智者，患在度量也。饶伊尽思共推，转加悬远。佛本为凡夫说，不为佛说。此理若不肯信者，从他退席。殊不知坐却白牛车，更于门外觅三车。况经文明向汝道，'唯一佛乘，无有余乘，若二、若三。'乃至无数方便，种种因缘，譬喻言词，是法皆为一佛乘故。汝何不省？三车是假，为昔时故。一乘是实，为今时故。只教汝去假归实，归实之后，实亦无名。应知所有珍财，尽属于汝，由汝受用。更不作父想，亦不作子想，亦无用想。"（《机缘品》）

佛法自身只有一种，亦即关于心色如一、空有不二的智慧。它并无四乘的区分：小乘、中乘、大乘和最上乘等。人们之所以将修行者区分为四乘，是因为他们对于佛法的修行的层次不同。慧能对弟子说："汝观自本心，莫著外法相。法无四乘，人心自有等差。见闻转诵是小乘。悟法解义是中乘。依法修行是大乘。万法尽通，万法俱备，一切不染，离诸法相，一无所得，名最上乘。乘是行义，不在口争。汝须自修，莫问吾也。一切时中，自性自如。"（《机缘品》）

因此，人并非天生只能达到某一果位。只要精进修行，人就一定能够成佛，亦即证悟诸法实相，证悟心色如一、空有不二。

慧能明确指出，众生即佛，佛即众生，生佛不二。他说："后代迷人，若识众生，即是佛性；若不识众生，万劫觅佛难逢。吾今教汝识自心众生，见自心佛性。欲求见佛，但识众生；只为众生迷佛，非是佛迷众生。自性若悟，众生是佛；自性若迷，佛是众生。自性平等，众生是佛；自性邪险，佛是众生。汝等心若险曲，即佛在众生中；一念平直，即是众生成佛。我心自有佛，自佛是真佛。自若无佛心，何处求真佛？汝等自心是佛，更莫狐疑。外无一物而能建立，皆是本心生万种法。"（《付嘱品》）生佛不二在于一心。

关于佛自身，大乘佛教认为佛有三身、即法身、报身、化身。法身是法性，是佛教真理亦即佛法凝聚而成的佛身，也是佛完全证入法性而与之无别的佛身；报身是指佛通过无量利己利人的善行而获得报答的相好庄严的佛身；化身或者应身是指佛为下化众生随各种机缘而变化显现的佛身。法身佛是毗卢遮那佛，报身佛是卢舍那佛，化身佛即应身佛是释迦牟尼佛。在佛教信仰中，三身佛往往被外在化。他们或者是一个神灵，或者是一个觉悟的人，或者是一个被雕刻的偶像。

但慧能认为，佛经所说的法、报、化三身佛不在人的心灵之外，而就在心灵之中。三身佛就是人的心灵的三种变化形态。他从自性即佛出发，对于三身佛予以了阐释。

第一，清净法身佛是人已经具有的自性。慧能说："何名清净法身佛？世人性本清净，万法从自性生。思量一切恶事，即生恶行。思量一切善事，即生善行。如是诸法，在自性中，如天常清，日月常明，为浮云盖覆，上明下暗。忽遇风吹云散，上下俱明，万象皆现。世人性常浮游，如彼天云。

善知识！智如日，慧如月。智慧常明，于外著境，被妄念浮云盖覆自性，不得明朗。若遇善知识，闻真正法，自除迷妄，内外明澈，于自性中，万法皆现。见性之人，亦复如是。此名清净法身佛。"（《忏悔品》）

与一般佛教一样，慧能认为佛的法身或者法性是清净的。但慧能的独特之处在于，他将佛的清净法身变成了世人的清净自性。法身就是自性。它一方面清净自足，另一方面却能生起万法。因此，法身在世人身上就会有显现和遮蔽。一旦去掉遮蔽，自性就会显示出来。

第二，圆满报身佛是自性的实现。慧能说："何名圆满报身？譬如一灯能除千年暗，一智能灭万年愚。莫思向前，已过不可得。常思于后，念念圆明。自见本性。善恶虽殊，本性无二。无二之性，名为实性。于实性中，不染善恶，此名圆满报身佛。自性起一念恶，灭万劫善因；自性起一念善，得恒沙恶尽。直至无上菩提，念念自见，不失本念，名为报身。"

论慧能

　　圆满报身佛并不是佛的修行所获得的相好庄严的报答，而是自性超出了善恶，显现了自身的不二本性，也就是自性的圆满实现。达到实性就是实现了佛性，亦即圆满报身佛。

　　第三，千百亿化身佛是自性的变化。慧能说："何名千百亿化身？若不思万法，性本如空。一念思量，名为变化。思量恶事，化为地狱。思念善事，化为天堂。毒害化为龙蛇。慈悲化为菩萨。智慧化为上界。愚痴化为下方。自性变化甚多，迷人不能省觉，念念起恶，常行恶道。回一念善，智慧即生。此名自性化身佛。"(《忏悔品》)

　　一般理解的化身佛是佛随机度人的各种形象，但慧能把他解释为由心念思量所呈现的去恶扬善的法相。心随善生善，随恶生恶。所谓千百亿化身佛不过是心在现实世界中的千万种变化而已。法虽然有善恶，但是心要去恶得善，且最后超出善恶。世人恶中生善，便是自性化身佛。

　　为了让人们更好地理解自性三身佛，慧能还作了更简明的解释。所谓清净法身是人的性；圆满报身是人的智，千百亿化身是人的行。同时，慧能对于三身佛之间的关系作了如下描述："法身本具，念念自性自见，即是报身佛。从报身思量，即是化身佛。"(《忏悔品》)人本有的自性就是法身佛；人明心见性就是报身佛；人自性思量万法就是化身佛。

　　人要成为佛首先要归依佛。但人不是归于外在佛，而是内在佛。人要归依自己。但人不是归依自己的色身，而是自己的自性。"色身是舍宅，不可言归。向者三身法，在自性中，世人总有。为自心迷，不见内性。外觅三身如来，不见自身中有三身佛。汝等听说，令汝等于自身中见自性有三身佛。此三身佛，从自性生，不从外得。"(《忏悔品》)三佛都在人的自性自身。他们不过是自性的不同的阶段和形态的表现而已。所谓归依三身佛就是归依自己的自性。这种归依的过程也就是人自己成为佛的过程。

　　自性归依也是自心归依。人要去掉心灵的无明而达到光明。"自心归依是归依自性，是归依真佛。自归依者，除却自性中不善心、嫉妒心、谄曲心、吾我心、诳妄心、轻人心、慢他心、邪见心、贡高心及一切时中不善之行。常自见己过，不说他人好恶，是自归依。常须下心，普行恭敬，即是见性通达，更无滞碍，是自归依。"（《忏悔品》）

慧能不仅说明了佛的三身，而且还揭示了佛的四智。

印度的瑜伽行派和中国的唯识宗认为，万法唯识。但人的烦恼八识借助修行可以转化成佛的四种智慧。前五识（眼耳鼻舌身）转成任运无碍的"成所作智"，第六识（意识）转成毫无分别的"妙观察智"，第七识（末那识）转成视诸法没有高下的"平等性智"，第八识（阿赖耶识）转成清净圆明的"大圆镜智"。通过转识成智，人便证得了佛果。但唯识宗转识成智的过程有着循序渐进的次第。它首先必先去掉外法而归识，然后转识而成智。

但慧能所理解的佛的四智如同佛的三身一样，都是人的自性的不同显现。他说："自性具三身，发明成四智。"（《机缘品》）如果离开了自性的话，那么所谓佛的三身就是有身无智。"若离本性，别说三身，即名有身无智。若悟三身无有自性，即名四智菩提。"（《机缘品》）如果离开了自性的话，那么所谓的佛的四智也会是有智无身。"若离三身，别谈四智。此名有智无身。即此有智，还成无智。"（《机缘品》）佛的三身四智都立于人的自性之中。

关于四智本身，慧能说：

"大圆镜智性清净，平等性智心无病。

妙观察智见非功，成所作智同圆镜。

五八六七果因转，但用名言无实性。

若于转处不留情，繁兴永处那伽定。"（《机缘品》）

慧能认为，第八识阿赖耶识转为大圆镜智时，它离开了污染，自性清静，洞照万法。作为佛智，它如同大圆镜映现了诸法实相，亦即心色如

论慧能

一，空有不二。第七识末那识转为平等性智时，它破除了我执和法执，没有爱憎，消除心病，达到万法无滞，众生平等。第六识意识转为妙观察智时，它能善分别诸法的自相和共相，但不起妄想。虽然观察明了，但不涉计度，不假功成。前五识眼耳鼻色身转为成所作智时，它们能随物应用，成其所作。成所作智如同大圆镜智一样，都是人在成佛之后的后得智。前五识和第八识都是在果地上转，只有在人成佛之后才有成所作智和大圆镜智；第六识和第七识都是在因地上转，在未成佛之前就能获得妙观察智和平等性智。虽然六识和七识是在因地中转，前五识和第八识是在果地上转，但这只是转其名，而不转其实。其实性就是自心和自性。它迷则为识，悟则成智。转处是转识成智之处，也就是转迷为悟之处。在转处绝不退转，亦即毫不留情。虽然外境复杂多变，但自心和自性大定。

四智虽然彼此具有差异，但它们在最根本上却是清净无病的自性本身。同时，人获得佛的四智并非是由外到内、由浅入深的过程，而是超然顿悟、豁然开朗的瞬间。

二、净土

对于禅宗而言，在人自身成为佛的同时，世界也成为了净土。

净土是纯净的国度，是极乐的世界。它一方面是菩萨自身修行所得的报土，另一方面是佛为普度众生所现的化土。中国的净土崇拜有多种，但主要是相信西方净土，也就是弥陀净土。但此净土存在于远离现实世界的遥远的西方。人们必须一心不乱地持诵"南无阿弥陀佛"，也就是归依无量光佛、无量寿佛。在临终时能受到阿弥陀佛的接引，而往生西方净土。这种净土不仅就其自身的存在及其方位而言是有相的，而且就其与现实世界的距离也是有相的。同时，人生活在净土不是生前的事情，而是死后的事情。

　　慧能对于西方净土进行了新的阐释。慧能认为，西方净土的远近在于人心。迷误者信其遥远，觉悟者知其亲近。"世尊在舍卫城中，说西方引化经文，分明去此不远。若论相说，里数有十万八千，即身中十恶八邪，便是说远。说远，为其下根；说近，为其上智。

　　人有两种，法无两般。迷悟有殊，见有迟疾。迷人念佛，求生于彼；悟人自净其心。所以佛言：随其心净，即佛土净。"（《疑问品》）

　　慧能指出，关键不在于东方西方，而在于心净或不净。"使君！东方人，但心净即无罪。虽西方人，心不净亦有愆。东方人造罪，念佛求生西方；西方人造罪，念佛求生何国？

　　凡愚不了自性，不识身中净土，愿东愿西，悟人在处一般。所以佛言：随所住处恒安乐。使君！心地但无不善，西方去此不遥。若怀不善之心，念佛往生难到。今劝善知识，先除十恶，即行十万；后除八邪，乃过八千。念念见性，常行平直，到如弹指，便睹弥陀。

　　使君！但行十善，何须更愿往生。不断十恶之心，何佛即来迎请？若悟无生顿法，见西方只在刹那。不悟，念佛求生，路遥如何得达？"（《疑问品》）

　　慧能强调净土就存在于人的自性与自心中。他揭示了人的身心："世人自色身是城，眼耳鼻舌是门。外有五门，内有意门。心是地，性是王。王居心地上。性在王在，性去王无。性在身心存，性去身心坏。佛向性中作，莫向身外求。"（《疑问品》）

　　慧能把佛教世界中的诸佛众生转化成种种不同的心法，其中有善有恶。"自性迷即是众生，自性觉即是佛。慈悲即是观音。喜舍名为势至。能净即释迦。平直即弥陀。人我是须弥。邪心是海水。烦恼是波浪。毒害是恶龙。虚妄是鬼神。尘劳是鱼鳖。贪嗔是地狱。愚痴是畜生。"（《疑问品》）

　　慧能坚信，如果人扬善去恶的话，那么就能修成自性净土。"常行十

论慧能

善，天堂便至。除人我，须弥到。去邪心，海水竭。烦恼无，波浪灭。毒害除，鱼龙绝。自心地上觉性如来，放大光明。外照六门清净，能破六欲诸天。自性内照，三毒即除。地狱等罪，一时消灭。内外明彻，不异西方。不作此修，如何到彼？"（《疑问品》）

慧能的净土不是有相的，而是无相的，也就是唯心净土。他认为，净土既不存在于与东方不同的西方，也存在于与现实世界相距甚远的国土。所谓的净土和秽土一样都存在于人的心灵自身。因此，当人们渴求生存于净土的时候，就必须回到人自身，自净其心。随其心净则佛土净。直心是道场，直心是净土。当人的心灵净化之后，人所生活的现实的世界也就成为了一个净土。人居住于此，并感到了安乐。根据慧能这种心灵化的解释，净土就是此地，生存于净土就是此时。人也就能够即身成佛。

三、世间出世间

慧能的禅学主张生佛不二，世间出世不二。即世间而出世间，出世间而即世间。他的偈颂说：

"世人若修道，　一切尽不妨。

常自见己过，　与道即相当。

色类自有道，　各不相妨恼。

离道别觅道，　终身不见道。

波波度一生，　到头还自懊。

欲得见真道，　行正即是道。

自若无道心，暗行不见道。

若真修道人，　不见世间过。

若见他人非，　自非却是左。

他非我不非，　我非自有过。

258

但自却非心，　打除烦恼破。

憎爱不关心，　长伸两脚卧。

欲拟化他人，　自须有方便。

勿令彼有疑，　即是自性现。

佛法在世间，　不离世间觉。

离世觅菩提，　恰如求兔角。

正见名出世，　邪见名世间。

邪正尽打却，　菩提性宛然。"（《般若品》）

慧能认为，人们修成佛之道，既不是自然之道（道家），也不是社会之道（儒家），而是心灵觉悟之道。其关键是明心见性，觉悟人和世界的真理。因此，这并不妨碍人们在世界中的的一切活动。如果修道就是明心见性的话，那么就要觉察自己的过错，也就是妄念。只有消除了妄念，人才能获得正念，而达到道。世界中种种色身，亦即一切众生各有自己的道，亦即自己的本性。它们互不妨碍，互不惹恼。道就在世界的众生之中。假使人们离开了众生之道而寻觅其他的道的话，那么人们永远走的是邪道，而见不到道。人的心灵奔波，四处攀缘，这只是行走在邪道上。如此与道无缘的一生就是荒废了，而人只有懊恼。人从邪道走向真道，就是去除妄想，回归真心。这是走在正路上，是真正的修道。假若人无道心，也就是无觉悟之心的话，那么他就没有光明，而只能在黑暗中行走，而看不见道。真正的修道之人消除了自己的虚妄之心，因此也就不会看到世间的过错。假若人看到他人有非，就是自己有非。将他人之非转变成自己之非，这是错误的。他人之非是他人之非，不是我之非。这在他人，而不在我。但我将他人之非以为是非，这就不是他人之非，而是我之非。人除去了非人之心，就可以消除自己的妄心，而打破烦恼了。人无憎无爱，也就是无善无恶，自然无烦恼，得清净，自由自在。假若人要度化他人的话，那么他自己就要明心见性。他不仅要有道，有智慧，而且要有术，有

论慧能

方便。度化他人就是去除疑惑，而同时就是显露自性。因为佛法就是关于人与世界的智慧，所以要在世界之中寻找佛法。假若人离开世界去寻找菩提智慧的话，那么这就是在寻找一种根本不存在的东西，如同兔子的角一样。这是完全不可能的。正见是佛的知见，即般若智慧。它是觉悟的出世；邪见是非佛的知见，即愚痴见解。它是迷误的世间。正邪是相对的、

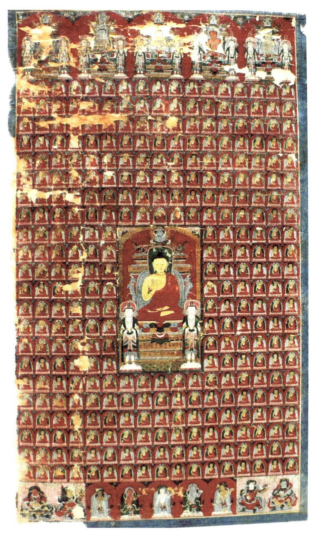

唐人彩绘《千佛像》

对立的。当正见消除了邪见之后，正见也要消除。此时正是菩提自性显现之时。

基于世间出世不二，慧能认为佛教的修行在家出家都行。"若欲修行，在家亦得，不由在寺。在家能行，如东方人心善。在寺不修，如西方人心恶。但心清净，即是自性西方。"（《疑问品》）他的偈颂说：

"心平何劳持戒，行直何用修禅。

恩则孝养父母，义则上下相怜。

让则尊卑和睦，忍则众恶无喧。

若能钻木出火，淤泥定生红莲。

苦口的是良药，逆耳必是忠言。

改过必生智慧，护短心内非贤。

日用常行饶益，成道非由施钱。

菩提只向心觅，何劳向外求玄。

听说依此修行，西方只在目前。"（《疑问品》）

慧能所说的心平不是日常所言的心平气和，而是自性清净心。心平就会沿道而行，行善去恶，因此无需持戒。他所说的行直不是日常所言的行为正直，而是自性般若行。行直就会去除妄念，一心不乱，因此无需修禅。有感恩之心就会孝养父母。有仁义之心就会怜爱他人。礼让他人则尊卑有序，和谐共存。忍受耻辱则不思报复，冤仇有尽。精进修行，奋斗不息，必能明心见性。烦恼定生菩提，众生定能成佛。良药虽然苦口，但能治疗疾病。忠言虽然逆耳，但有利于人行。改掉过错，就是改掉愚迷，因此能生智慧。保护短处，就是保护恶行，因此并非贤良。在日常生活中要利益众生，也就是爱众生。布施钱财无法成道，甚至可能障道。获得菩提智慧只能寻找内在，明心见性。向外寻找菩提智慧只是徒劳。听见性法，说见性法，并能依照见性法修行，就能见到西方天堂。这是因为真正的西方天堂不是某种其他的西方天堂，而就是自性西方天堂。

第六章　禅与当代智慧

一、禅的边界

作为亲证的智慧，禅宗亲证诸法实相，也就是亲证人与世界存在的终极真理。这个真理就是心色如一，空有不二。但这同时也是禅宗的边界。

禅宗虽然强调心色如一，但实际上重心不重色，重精神不重物质。因此，禅宗是心灵的宗教。它认为，世界万法为心灵所显现、所生成和所变化。正如佛经所说，心生则种种法生，心灭则种种法灭。既然心灵是世界的规定者，那么关键的问题就不在于物质，而在于精神。长久以来，禅宗就囿于心灵自身，并因此与世界脱节。这样一种心灵就变得空洞、萎缩而无能，甚至死亡。

禅宗虽然强调空有不二，但实际上重空不重有，重变化不重静止。因此禅宗是空性的宗教。它认为，世界万法是无常和无我的，也就是没有永恒不变和固定的本质。于是，它轻视了世界万物相对的常性和我性，而否定了事物自身存在的意义。这样就会导致人们看破红尘和遁入空门，也就是不能直面人生而逃避世界。在这种情况下，所谓空性的思想蜕变成了一种虚无主义和颓废主义。

最为根本的是，禅宗轻视了现实存在和生活。人生活在天地之间，人与他人共在，人同时也开辟了心灵空间。这就是人存在的真相或真理。禅宗和佛教所说的心色如一、空有不二必须置于现实世界之中。只有在现实存在中，心灵才能真正显示、生成和变化万物；也只有在现实存在中，常和无常、我和无我才能相互转化和统一。因此可以说，人的现实存在才是心色如一、空有不二的真正基础。

二、当代现实与思想

作为智慧，禅宗在历史上显示了其伟大的生命力。但禅宗也应该与时俱进，面对当代世界的问题，开辟新的思想道路。

当代世界暴露了许多问题。

首先，是生态危机。大自然自身的生态保持着自身的本性，走着自身的道路，一直生生不息。但人类现在破坏了自然，导致了生态危机。天不再是蓝色的天，地不再是纯净的地。空气污染，河水断流，植物死亡，动物绝种。这些都直接和间接地毁坏了人在天地间的家园，伤害了人的生存。

其次，是社会矛盾。社会是人的生命共同体，每一个个体只能在社会中才能得到真正全面自由的发展。但现在世界上各种不完美的制度设计限制和阻碍了个体的生存。同时，社会阶层之间的不平等引发了阶层之间的矛盾和冲突。因此，这个世界还有很多痛苦和悲伤，甚至还有仇恨和战争。人们向往一个更加美好的世界。

再次，是心灵迷误。心灵是人的存在的指引的明灯。一个光明的心灵能引导人行走在正确的大道上。但当代人的心灵出现了许多病症，其主要有虚无主义、技术主义和享乐主义。所谓虚无主义是指存在缺少基础，没有根据和目的；所谓技术主义是指技术控制了人与万物；所谓享乐主义是指人不断满足和刺激自己的欲望，欲望无限，所欲无限。

在这样的时代里，人们都在寻找解决问题的思想方案。这些方案很多，但主要可分为法律、道德和宗教三个方面。

首先，是法律方案。法律就是规则，规定人的存在、思想和语言。法

论慧能

律包括了允许和禁止两个方面，人们能做什么和不能做什么，也就是哪些必须是存在的，哪些必须是不存在的。当然，法律本身就是正义的代名词。合乎正义的法律是良法，否则就是恶法。目前无论是在国际上，还是在国家内，人们都要求有法可依和有法必依。根据正义的原则，人们立法、废法和修法。

其次，是道德方案。法律方案只是一个最低的道德方案，为道德方案提供了一个基础。因此，人们力求在法律方案的基础上建立道德方案。人不仅要成为一个法律人，而且要成为一个道德人。道德一方面是内在的良知，另一方面是外在的伦理。它们构成了人内外两方面的规范。人们不仅力图重建传统道德为现代人的生存提供指引，如儒家的仁、义、礼、智、信，而且要为新的社会现象确定边界，如生命伦理学等。

再次，是宗教方案。宗教一向被认为是关于世界最根本的真理的信仰，也就是关于神的信仰。千百年来，基督教、伊斯兰教、印度教和道教塑造了不同的文化和民众，世界不同的文明形态基本上是不同的宗教形态。当代的宗教仍然有其不可忽视的强大的生命力。虽然不同宗教之间存在着差异和冲突，但也出现了对话和沟通。许多宗教都力图与时代同步。

三、新禅宗智慧

作为无神的宗教，禅宗也应该提出自己独特的方案，说出新的智慧话语。

如前所述，禅宗智慧的核心虽然是心色如一和空有不二，但实际上是重心而轻色，重空而轻有。同时，心色如一和空有不二没有一个真正的现实基础。针对这种情况，新的禅宗智慧应该将心色如一和空有不二置于人的现实生活和存在之中，完成以心造色和凭空化有。

所谓以心造色就是以心改造和创造世界。禅宗所亲证的诸法实相虽然不可思议，但要思议此不可思议；虽然不可言说，但要言说此不可言说。由此，将现实的不存在转换成存在。鉴于此，禅宗必须越过自身心灵的边界走向语言和存在。因此，当代不仅要有心灵禅，而且要有语言禅和存在禅，让禅的智慧之光彻照人的心灵、语言和存在。

所谓凭空化有就是凭空转化和升华实有。禅宗不仅要意识到实有是无常和无我的，而且要用无常和无我来改变实有。这就是说，一方面，万物缘起而性空，另一方面，万物性空而缘起。由此，人们除去世界的恶，兴起世界的善，让一个不美好的世界变得美好，让一个美好的世界变得更美好。

这样一种新的禅宗的智慧将赋予禅宗新的名字：存在禅。它不仅只是人的心灵的智慧，而且也是包括了心灵、语言和存在的智慧。事实上，人的现实生活就是心灵、语言和存在不可分割的统一体。在这样一个统一体中，欲望、技术和大道从事着生生不息的游戏活动。人在此游戏中成为人。新的禅宗智慧将为欲望、技术和大道的游戏提供新的指引。

第一，存在禅给欲望划分边界。人天生有欲望，人活着就是满足自己的欲望。在享乐主义的时代里，人们追求的就是欲望的无限性。禅既不放纵欲望，也不禁止欲望，而是行走中道。

第二，存在禅给技术划分边界。人要依靠技术，也就是工具和手段实现自己的欲望。在技术主义的时代里，技术不仅控制了自然，而且控制了人自身的存在、思想和语言。禅宗既不崇拜技术，也不否定技术，而是让技术能保护人存在的基础。

第三，存在禅让心灵之道走向存在之道。所谓大道就是智慧，是关于人存在的真理。人在大道的指引下，使用技术，满足欲望，建立自己的生活世界。在虚无主义的时代，大道隐去，真理遮蔽。西方是上帝死亡，中国是天道衰微。禅作为无神的宗教能成为新的大道。存在禅不仅是心灵的，而且是语言的，更是存在的。它结合儒家的社会之道和道家的自然之

论慧能

道，最终所实现的既身心合一，也人我合一，且天人合一。

由此，佛教和禅宗的戒定慧三学在世界的欲望、技术和大道的游戏的视野中获得了新的意义。在欲望方面，它不再只是相关于个人身语意的戒律，而是相关于人类欲望的有限和无限；在技术方面，它不再只是限于个人身心专注的训练，而是扩大到一切维系人类与自然存在的工具与手段；在大道方面，它不再只是心灵的智慧，而是人与世界存在的真理。

存在禅开辟的是一条光明的通天大道。

参 考 文 献

（按拼音字母为序）

中文部分

1.[美] 比尔·波特：《六祖坛经解读》，海口：南海出版公司，2012 年。

2.丁福宝：《佛学精要辞典》，北京：宗教文化出版社，1999 年。

3.丁福宝：《六祖坛经笺注》，北京：国际文化出版公司，2014 年。

4.杜继文等：《中国禅宗通史》，南京：江苏人民出版社，2007 年。

5.郭朋：《坛经校释》，北京：中华书局，1983 年。

6.[日] 忽滑古快天：《中国禅学思想史》，上海：上海古籍出版社，2002 年。

7.吕澄：《中国佛教协源流略讲》，北京：中华书局，1979 年。

8.麻天祥：《中国禅宗思想发展史》，武汉：武汉大学出版社，2007 年。

9.普济：《五灯会元》，北京：中华书局，1984 年。

10.释明生：《六祖坛经研究集成》，北京：金城出版社，2012 年。

11.太虚：《太虚大师全书》，北京：宗教文化出版社，2004 年。

12.汤用彤：《隋唐佛教史稿》，武汉：武汉大学出版社，2008 年。

13.王儒童：《〈坛经〉诸本集成》，北京：宗教文化出版社，2014 年。

14.印顺：《中国禅宗史》，南昌：江西人民出版社，1999 年。

15.杨曾文：《唐五代禅宗史》，北京：中国社会科学出版社，1999 年。

16.[日] 织田得能：《佛学大辞典》，北京：中国书店出版社，2011 年。

西文部分

Wing-tsit Chan（tr.）：*The platform scripture*，NewYork：St. John's University Press.

后 记

在本书完成之际，我要感谢那些对于本书有所帮助的人。人民出版社的洪琼先生，为本书的出版倾注了心血。归元寺的能利法师，他为本书题写了书名；湖北美术学院的李冰先生为本书的封面绘制了慧能的画像；湖北美术学院的肖世孟先生，他为本书收集了相关图片；武汉谦森岛庄园的赵发所先生，他为本书的写作提供了便利条件。此外，杨凯军先生、徐忠玉先生、张凡枝女士、雷利平女士、张华女士等也以不同方式支持了本书的写作及相关事宜。

彭富春

2017 年春于武汉大学